# Psychologie der Persönlichkeit

Arbeitshefte Führungspsychologie

Herausgegeben von Prof. Werner Bienert, Ludwigshafen und
Prof. Dr. Ekkehard Crisand, Wilhelmsfeld

Band 1

# Psychologie der Persönlichkeit

## Eine Einführung

von

Professor Dr. Ekkehard Crisand

Wilhelmsfeld

7., neubearbeitete und erweiterte Auflage 1996

Mit 47 Abbildungen und Tabellen

I. H. Sauer-Verlag GmbH

Heidelberg

1. Auflage 1977 – ISBN 3-7938-7623-3
2. Auflage 1978 – ISBN 3-7938-7648-9
3. Auflage 1981 – ISBN 3-7938-7648-9
4. Auflage 1985 – ISBN 3-7938-7734-5
5. Auflage 1990 – ISBN 3-7938-7028-6
6. Auflage 1992 – ISBN 3-7938-7079-0
7. Auflage 1996 – ISBN 3-7938-7147-9
(23. bis 25. Tausend)

Die Deutsche Bibliothek – CIP-Einheitsaufnahme

**Crisand, Ekkehard:**
Psychologie der Persönlichkeit : eine Einführung ; mit Tabellen / von Ekkehard Crisand.
– 7., neubearb. und erw. Aufl., (23. bis 25. Tsd.). – Heidelberg : Sauer, 1996

(Arbeitshefte Führungspsychologie ; Bd. 1)
ISBN 3-7938-7147-9

NE: GT

ISBN 3-7938-7147-9



Satz: Lichtsatz Michael Glaese GmbH, 69502 Hemsbach

Druck und Verarbeitung: Progressdruck GmbH, 67346 Speyer

Umschlagentwurf: Horst König, 67067 Ludwigshafen

♾ Gedruckt auf säurefreiem, alterungsbeständigem Papier, hergestellt aus chlorfrei gebleichtem Zellstoff (TCF-Norm)

Printed in Germany

# Vorwort der Herausgeber

Die Anregung für die Reihe „Arbeitshefte zur Führungspsychologie“ geht auf Führungsseminare zurück, welche die Herausgeber für namhafte Firmen und Verbände durchführten.

Arbeitsmaterialien dieser Art werden sowohl von Führungskräften als auch im Rahmen des Studiums an Hochschulen benötigt, wo sie der Einführung in die Problematik dienen und einer ersten gründlichen Information im Bereich der angewandten Wissenschaft.

Ziel der Darstellung ist daher nicht die einseitige Betonung theoretischer Überlegungen, sondern die Berücksichtigung der Anwendungsmöglichkeit im praktischen Vollzug.

Dem orientierungssuchenden Studierenden soll damit ebenso eine Unterlage an die Hand gegeben werden wie dem Praktiker, der Anregungen und grundlegende Hinweise für die Bewältigung seiner Führungsaufgaben benötigt.

Die Veröffentlichung in Form von Arbeitsheften dieses Umfangs ermöglicht den leichten Zugriff zu den einzelnen Themenbereichen. Jeweils in sich geschlossene Themen werden gesondert abgehandelt.

Die Autoren gehen von der Tatsache aus, daß Arbeitswelt, Pflichtenkreis und Informationsstand der angesprochenen Zielgruppe sehr differenziert sein werden. Führungskräfte in der Wirtschaft und Verwaltung sind Techniker, Naturwissenschaftler, Juristen, Betriebswirte und andere, aber auch Psychologen und Pädagogen (Ausbilder). Daher sind die Autoren bemüht, die wissenschaftliche Fachsprache so weit wie möglich zu meiden und den Inhalt in geeigneter Form darzubieten.

Daneben werden dem Leser Anregungen für vertiefende Studien in der Literatur vermittelt.

Psychologische Fragen und Probleme lassen in den seltensten Fällen so eindeutige und allgemeingültige Antworten und Lösungen zu, wie wir dies von den Naturwissenschaften her gewohnt sind. Dies wird auch derjenige berücksichtigen müssen, der mit schnellem Zugriff Rezepte zu finden hofft; denn das Verhalten des Menschen entzieht sich formelhafter Erfassung und vordergründiger Katalogisierung.

Die Konzeption der Reihe, wie sie oben beschrieben wurde, schließt in starkem Maße die Möglichkeit ein, den Leser zum Dialog mit Autor und Herausgeber aufzufordern.

Sollte sich ein derartiger Kontakt entwickeln, werden alle Beteiligten davon Gewinn haben und in dieser oder jener Weise zu einer noch zweckmäßigeren Gestaltung der Schriftenreihe beitragen.

Mannheim und Wilhelmsfeld, im Juli 1977

Die Herausgeber
*Werner Bienert · Ekkehard Crisand*

# Vorwort zur 7. Auflage

Die vorliegende 7. Auflage wurde wieder überarbeitet und ergänzt. Besonders zwei Verbesserungen und Ergänzungen wurden vorgenommen:

1. wurde unter Punkt 2 herausgearbeitet, daß die Erkenntnisse der Psychologie nicht dem Selbstzweck dienen, sondern daß die Betriebspsychologie hilft, das ökonomische Betriebsziel zu erreichen. Hierzu ist besonders „die soziale Kompetenz“ des Vorgesetzten zu beachten (vgl. Punkt 2.1) und sein Bild, das er vom Menschen hat (vgl. Punkt 2.2).

2. wurden „die 6 Modelle des Konstruktionsplanes Mensch“ mit weiteren Beispielen unterlegt (vgl. Punkt 3.1 ff.), so daß dem Leser der Transfer in den betrieblichen Alltag noch leichter fällt.

Das Glossar der wichtigsten psychologischen Fachbegriffe in Englisch (vgl. Kapitel 7), das den gewachsenen Anforderungen an unsere Führungskräfte im internationalen Kontakt gerecht werden soll, hat sich bewährt und wurde auch in diese Ausgabe übernommen. Herzlichen Dank Herrn Dipl.-Psych. Roman Weyrauch für seine fachkundigen Übersetzungen.

Wilhelmsfeld, im Januar 1996 *Ekkehard Crisand*

# Inhaltsverzeichnis


**1. Warum Individualpsychologie? – oder „Psychologen sind wir doch alle“ ... 9**

**2. Vom ökonomischen Unternehmensziel zum „Führungskreis“ als Bezugsrahmen zur „sozialen Kompetenz“ ... 16**

2.1 Die soziale Kompetenz ... 18
2.2 Das Menschenbild des Vorgesetzten – M1/M2-Typen ... 20
2.3 Der Führungskreis ... 22

**3. Die 6 Modelle des „Konstruktionsplans Mensch“ oder der Aufbau des „Systems Mensch“ ... 25**

3.1 Die Abwehrmechanismen als erstes Modell des „Konstruktionsplans Mensch“ ... 25
3.1.1 Die klassischen Abwehrmechanismen ... 29
3.1.2 Die wesentlichen Abwehrmechanismen im Überblick ... 31
3.2 Die Schichtentheorie als zweites Modell des „Konstruktionsplans Mensch“ ... 46
3.3 Das Instanzenmodell als drittes Modell des „Konstruktionsplans Mensch“ ... 49
3.4 Das Selbstwertgefühl als viertes Modell des „Konstruktionsplans Mensch“ ... 51
3.4.1 Der Selbstwertblock ... 52
3.4.2 Die 7 Hauptbeeinflussungsfaktoren des Selbstwertgefühls . 54
3.5 Bewußtsein/Unbewußtsein als fünftes Modell des „Konstruktionsplans Mensch“ ... 57
3.6 Die Transaktionsanalyse als sechstes Modell des „Konstruktionsplans Mensch“ ... 62
3.6.1 Die Ich-Bereiche ... 62
3.6.2 Transaktionsformen ... 69
3.6.2.1 Beispiele für parallele Transaktionen ... 70
3.6.2.2 Beispiele für Überkreuz-Transaktionen ... 73
3.6.2.3 Beispiele für verdeckte Transaktionen ... 76

**4. Übersicht über die Bestandteile des „Konstruktionsplans Mensch“ ... 82**

**5. Die wichtigsten Aussagen und Schlußfolgerungen ... 84**

| | | |
|---|---|---|
| **6.** | **Das Verhalten des Mitarbeiters** | 87 |
| 6.1 | Allgemein | 87 |
| 6.2 | Drei Fragen, die sich jede Führungskraft stellen sollte | 88 |
| 6.2.1 | Wie bin ich? | 89 |
| 6.2.1.1 | Grenzen und Möglichkeiten testpsychologischer Untersuchungen | 90 |
| 6.2.1.2 | Testdurchführung | 91 |
| 6.2.2 | Wie verhalte ich mich? | 99 |
| 6.2.3 | Wie wirke ich? | 100 |
| **7.** | **Glossar der wichtigsten Fachbegriffe in Englisch** | 102 |
| **8.** | **Literaturhinweise** | 108 |

# 1. Warum Individualpsychologie? – oder „Psychologen sind wir doch alle“

Mancher Leser mag erstaunt sein, in einer Schriftenreihe für diesen Adressatenkreis ein Arbeitsheft über individualpsychologische Fragen zu finden: Lernpsychologie und Motivationspsychologie, auch Gruppenpsychologie: das geht ja alles noch an, aber Individualpsychologie?!

Zwei *Beispiele* mögen die Antwort geben:

1. Mein Lehrer ließ sich nach dem Kriege eine neue Kennkarte ausstellen. Hierzu suchte er seine Polizeidienststelle auf. Der wachhabende Polizist fragte ihn nach seinem Beruf.

   Hier der Dialog:

   | | |
   |---|---|
   | Polizist: | Was sind Sie von Beruf? |
   | Prof. A. M.: | Psychologe. |
   | Polizist: | Ich meine, was Sie von Beruf sind. |
   | Prof. A. M.: | nimmt einen Hörfehler an und bekennt noch einmal: Ich bin Psychologe. |
   | Polizist: | Ja, sicher, Psychologen sind wir alle. Ich meine, was tun Sie so richtig?! |

2. Jeder Kfz-Laie kann folgendes Erlebnis bestätigen: Ich fuhr mit meinem Wagen und hörte plötzlich ein eigenartiges, klopfendes Geräusch im Motor. Langsam fuhr ich zur nächsten Werkstatt, da ich nicht wußte, wie ich mich verhalten sollte; das Geräusch gab mir keinen Hinweis.

   Der Kfz-Mechaniker hört sich das Geräusch an und stellte fest: Ein Schaden am Zylinder, gleichzeitig gab er den Hinweis über den Reparaturumfang.

Wenn es um technische Probleme geht, fühlt sich der Laie inkompetent und sucht den Rat des Fachmanns. So würde es z. B. niemand wagen, einem Nichtfachmann eine Maschine anzuvertrauen.

Beim Menschen halten wir uns alle für Fachleute, ob in der Kindererziehung, beim Umgang mit Jugendlichen oder als Vorgesetzter.

Ich möchte mit den folgenden Gedanken zum Nachdenken anregen mit dem Ziel, daß dem Menschen die gleiche Aufmerksamkeit entgegengebracht wird wie der Maschine.

Welche Anstrengungen werden unternommen, um einen „Maschinisten“ auf seine Tätigkeit vorzubereiten. Niemand darf auch nur eine Schreibmaschine bedienen, wenn er nicht nachweisen kann, daß er sie beherrscht.

Anders beim Menschen: Vorgesetzter, d. h. „Bediener“ des „Systems Mensch“, kann jeder sein, er braucht nur fachlich-sachliche Fähigkeiten, und dies, obwohl der Mensch ungleich komplizierter ist als eine Maschine! Warum ist dann die oben genannte irrige Meinung so weit verbreitet? Ich glaube, weil es einfacher ist, einen Bedienungsfehler beim Menschen zu verdecken.

Wurde eine Maschine falsch ausgesucht oder wird sie durch Fehlbehandlung defekt, so wird der Verantwortliche zur Rechenschaft gezogen, zumindest wird die Abteilung mit der Abschreibung belastet; anders aber, wenn ein Mitarbeiter „falsch bedient“ wurde und ausscheidet. Dann sind bestimmte Redewendungen gebräuchlich:

„*Er* hat nicht gehalten, was er versprochen hat.“
„*Er* hat uns getäuscht.“
„*Er* konnte sich nicht einfügen.“
„Er … er …,
niemals „*Wir* haben einen Fehler gemacht.“

Oder vergleichen Sie einmal die Zeit, die man sich für die Auswahl eines Mitarbeiters nimmt, und die Zeit, die man braucht, um eine Kaufentscheidung bei einer Maschine zu treffen.

Geht es um die Anschaffung einer neuen Maschine, so wird in tage-, oft wochenlangen Verhandlungen das beste Angebot herausgesucht.

Geht es um die Einstellung eines Mitarbeiters, so begnügt man sich in aller Regel mit einem 2-, maximal 4stündigen Vorstellungsgespräch.

Die Diskrepanz ist auch nicht finanziell zu rechtfertigen; eine Fehlentscheidung bei der Besetzung einer neuen Stelle hat eine ebenso große finanzielle Bedeutung wie der Einkauf einer falschen Maschine.

Hierzu ein Beispiel:

## *„Investitionsrechnung" für eine Personaleinstellung* (nach *Hoeptner)*

| | |
|---|---|
| Einstellungsgehalt eines 30jährigen mit einem Monatseinkommen von | DM 4.500 |
| Jahreseinkommen (× 13) | DM 58.500 |
| Sozialkosten (60%)[1] | + DM 35.100 |
| Jahreskosten | DM 93.600 |

Bei der Annahme, daß die Personalkosten jährlich um 6% steigen, ergeben sich folgende Werte:

Kosten dieses Mitarbeiters

| | |
|---|---|
| im 10. Jahr (= 93.000 × $1{,}06^{9}$)[2] | DM 158.000 |
| im 20. Jahr (= 93.000 × $1{,}06^{19}$) | DM 283.000 |
| im 30. Jahr (= 93.000 × $1{,}06^{29}$) | DM 507.000 |

Bei einer Dienstzeit von 30 Jahren (bis zum 60. Lebensjahr) betragen die gesamten Personalkosten (gemäß Summenformel für geometrische Reihe):

$$\text{Summe}^{3} = 93.000 \times \frac{1{,}06^{30} - 1}{1{,}06 - 1}\ \text{DM}$$

$$= 7.400\ \text{Mio. DM}$$

Die Folgerung hieraus:

1. Die gleiche Aufmerksamkeit, die man einer Maschine widmet, sollte auch dem Mitarbeiter entgegengebracht werden.
2. So wie der Techniker den Konstruktionsplan der Maschine kennen muß, um eine fundierte Aussage zu treffen, so sollte auch der Vorgesetzte den „Konstruktionsplan" des „Systems Mensch" kennen (vgl. S. 25).

1 Heute eher 70%!

2 Zinseszinsformel

$$Kn = Ko\left(1 + \frac{P}{100}\right)^{n} = Ko \cdot qn$$

Ko = Anf.-Kapital
p = Prozentsatz
n = Anzahl der Jahre

3 $S_n = a_1 \cdot \frac{g^h - 1}{g - 1}$

$a_1$ = Anfangsglied
$g = 1 + \frac{p}{100}$
h = Anzahl der Jahre

Die englische Übersetzung einiger Passagen finden Sie im Anhang ab S. 102.

Ehe wir uns mit der Anwendung der Psychologie im betrieblichen Alltag beschäftigen, sollten wir zunächst den Begriff „Psychologe" definieren.

> Psychologie ist die Wissenschaft vom Erleben und Verhalten der Menschen, d. h. die Psychologie erforscht das Verhalten des Menschen sowie die dem Verhalten zugrundeliegenden Anlage- und Umweltfaktoren.

Das Nachdenken des Menschen über sich selbst hat seine erste Blüte bei den alten Griechen, bei Plato und Aristoteles erlebt. Die Psychologie hat also eine philosophische Vorgeschichte von gut 2400 Jahren.

Heute gilt die Psychologie als eine *„empirische Wissenschaft"*, d. h. sie ist eine selbständige Erfahrungswissenschaft mit eigenen Fragestellungen und Methoden.

Das Verhältnis zur Psychologie ist häufig zwiespältig: Auf der einen Seite begegnet man der Psychologie mit Ablehnung. So hört man oft die Meinung: „Hör mir auf mit diesen Typen, die sind doch alle komisch!" – Manchmal hört man auch Aussagen wie: „Was, zum Psychiater? Ich gehöre doch nicht in die Klapsmühle!"

Andererseits gibt es in vielen Zeitschriften eine „psychologische Ecke", die allerdings mit der wissenschaftlichen Psychologie wenig zu tun hat.

Warum jedoch lehnen viele Menschen die Psychologie ab? Meines Erachtens liegt der Grund in der Unwissenheit. So werden drei Begriffe häufig durcheinandergeworfen.

> – Psychologe
> – Psychotherapeut
> – Psychiater

Hier eine kurze Erläuterung der oben genannten Begriffe:

*Psychologe:*

Der Psychologe beherrscht die Lehre vom Verhalten des Menschen. Er befaßt sich mit den Erscheinungen und Zuständen des bewußten und unbewußten Seelenlebens. Dabei berücksichtigt er die Regeln des menschlichen Verhaltens.

*Psychotherapeut:*

Der Psychotherapeut ist ein Arzt oder Psychologe mit einer Zusatzausbildung. Er befaßt sich mit seelischen und psychosomatischen Krankheiten. Seine Aufgabe liegt in der Behandlung dieser Krankheiten.

Die am weitesten verbreiteten Beschwerden, die psychologisch bedingt sein können, sind:

- allgemeine Nervosität
- Magenschleimhautentzündung (Gastritis)
- Magengeschwür (Ulkus)
- Zwölffingerdarmgeschwür
- Herzrhythmusstörungen
- Herzinfarkt

**Beispiel 1:**

Ein Mitarbeiter leidet unter seinem Chef, dadurch entstehen psychosomatische, d. h. körperliche Beschwerden, die ihren Ursprung im psychischen Bereich haben.

**Beispiel 2:**

Ein Mitarbeiter ist geschäftlich viel mit dem Flugzeug unterwegs, leidet aber unter extremer Flugangst (eine sog. Phobie).

Die Flugangst ist eine seelische Krankheit und kann vom Psychotherapeuten behandelt werden (vgl. entsprechende Seminare der Lufthansa).

Daß diese Beschwerden weit verbreitet sind, erkennt man zum einen an der unglaublichen Menge an Beruhigungsmitteln, die in Deutschland konsumiert werden, zum anderen werden aus Zeitmangel oft nur die körperlichen Beschwerden behandelt, die nur Symptome sind. Die Ursachen bleiben unbehandelt.

**Beispiel:**

Eine 25jährige Frau begeht den fünften Selbstmordversuch, konnte aber gerettet werden. Ihr wird der Magen ausgepumpt, und sie wird medizinisch versorgt. Nach einigen Stunden stellt der behandelnde Arzt keine körperlichen Beschwerden mehr fest und entläßt die Frau als „geheilt". Wenn der Arzt auch menschlich unter seiner Entscheidung leidet, so drängen ihn doch häufig die äußeren Umstände dazu.

In diesem Beispiel wurden nur die begleitenden körperlichen Beschwerden behandelt, ohne jedoch die *Ursachen zu erforschen*. Bereits nach dem ersten

Selbstmordversuch wäre eine Psychotherapie notwendig gewesen, dadurch hätten vielleicht die weiteren vier Selbstmordversuche vermieden werden können.

In der Psychotherapie gibt es zwei wesentliche Behandlungsmethoden:

- die Gesprächstherapie
- die Verhaltenstherapie

*Gesprächstherapie:*

Der Psychotherapeut kann durch das Gespräch therapieren und heilen.

Das Gespräch ist ein Mittel der *Katharsis*, d. h. es hat reinigende Wirkung.

Wenn wir alles in uns „hineinfressen" und mit niemandem darüber reden, kann dies zu körperlichen Problemen führen. Nach einem Gespräch fühlen wir uns erleichtert und befreit, d. h. wir können das Gespräch als Therapieansatz nehmen. Die erste Aufgabe des Therapeuten ist es, den Patienten zum Sprechen anzuregen („sich das Problem von der Seele reden").

Läßt er sich nicht dazu bewegen, ist eine Therapie nicht möglich, denn:

Die Grenze der Psychotherapie ist dort, wo der Partner nicht einwilligt.

Der Mensch gibt häufig kein eindeutiges Signal, daß er Hilfe benötigt. Hier wird die Umwelt gefordert, auch auf kleine *Signale* zu achten. Selbst wenn diese im ersten Moment ohne Bedeutung scheinen, so könnten sie doch einen ernsten Hintergrund haben.

**Beispiel:**

Ein Ausbildungsleiter verabschiedet sich wie gewohnt von Frau und Kindern und macht sich auf den Weg zur Arbeit. Er parkt sein Auto an einem Bahndamm und wirft sich vor den Zug.

Wir müssen uns fragen, ob wir die von ihm gesendeten Signale nicht bemerkt oder übergangen haben. Oder hat er niemanden gefunden, mit dem er über seine Belastungen hätte sprechen können?

*Verhaltenstherapie:*

Die Verhaltenstherapie trainiert Verhalten. Der Therapeut übt mit dem Probanden ein bestimmtes Verhalten ein („Schritt-für-Schritt-Lernen").

**Beispiel:**

Ein Vorgesetzter hat große Schwierigkeiten, vor seine Gruppe zu treten und sie anzusprechen. Das Sprechen und das Herantreten an die Gruppe wird in der Verhaltenstherapie geübt.

*Psychiater:*

Der Psychiater ist ein Arzt mit Zusatzausbildung (Facharzt), häufig ein Nervenarzt, der Geisteskrankheiten behandelt. Unter Zuhilfenahme von Medikamenten versucht er, seinen Patienten zu helfen.

# 2. Vom ökonomischen Unternehmensziel zum „Führungskreis“ als Bezugsrahmen zur „sozialen Kompetenz“

In der Betriebspsychologie gehen wir von den vorhandenen Unternehmenszielen aus, d. h. *die Psychologie will helfen, die Unternehmensziele zu erreichen.*

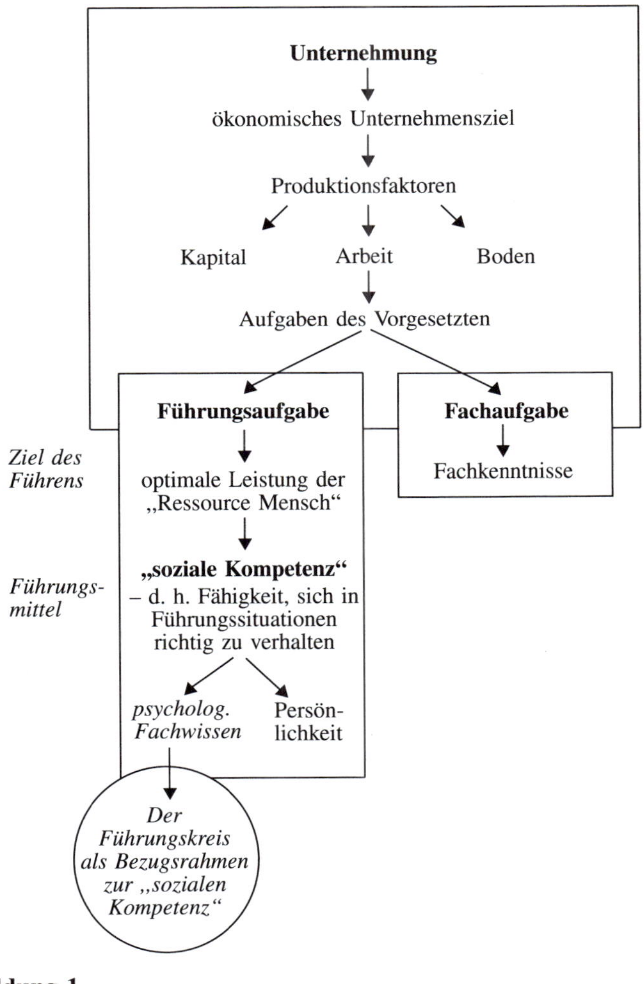


**Abbildung 1**

Welche ökonomischen Unternehmensziele werden angestrebt?

**Beispiel:**

- Ein Krankenhaus hat als Ziel die optimale Versorgung seiner Patienten.
- Eine Kfz.-Reparaturwerkstatt hat als Ziel, ihren Kunden optimalen Service und Kundendienst zu bieten.

Wie erreicht der Betrieb sein ökonomisches Unternehmensziel?

Er erreicht sein Ziel durch Kombination der Produktionsfaktoren *Arbeit, Kapital* und *Boden* (in der VWL) oder betriebswirtschaftlich ausgedrückt: *Arbeit, Betriebsmittel* und *Werkstoffe*. Der Vorgesetzte muß sich besonders um den Produktionsfaktor Arbeit, also um den Mitarbeiter kümmern.

Hierbei entstehen für den Vorgesetzten *zwei Aufgaben:*

*1. Fachaufgabe*

Um Fachaufgaben lösen zu können, benötigt der Vorgesetzte bestimmte *Fachkenntnisse*. Diese werden z. B. durch ein Studium an einer Universität, an einer Fachhochschule oder durch eine Lehre erworben. Denn gutes Fachwissen wird zur *Lösung von Fachaufgaben* vorausgesetzt.

*2. Führungsaufgabe*

Ziel der Führung ist es, die *optimale Leistung der Ressource Mensch* zu fördern, d. h. den Mitarbeiter zu einer optimalen Leistung anzuregen.

Sind wir aber überhaupt dazu berechtigt, den Menschen zur optimalen Leistung zu bringen? Meiner Ansicht nach liegt das in der Natur des Menschen, denn „das Kind spielt gerne“ und „der gesunde Mensch arbeitet gerne“. Voraussetzung ist, daß Stellenprofil und Persönlichkeitsprofil übereinstimmen und daß das Leistungsprofil des Mitarbeiters nicht von einem früheren Vorgesetzten „verdorben“ wurde.

> Nur wenn der Mitarbeiter eine optimale Leistung erbringt, werden auch die Betriebsziele optimal erreicht.

Der Vorgesetzte erreicht mit dem Führungsmittel der sogenannten „sozialen Kompetenz“, den Mitarbeiter zu einer optimalen Leistung zu bringen.

## 2.1 Die soziale Kompetenz

„*Soziale Kompetenz* bedeutet die Fähigkeit, Kommunikation zwischen unterschiedlichen Personen herzustellen. Kommunikation wiederum bedeutet wörtlich, Gemeinsamkeiten zu finden, auch da, wo Andersartigkeiten existieren. Sie ist ein Brückenschlag und akzeptiert den anderen zunächst einmal in seiner Besonderheit, um dann auf einer gemeinsamen Basis eine Verständigung und Lösung zu erreichen.

Im betrieblichen Alltag übersetzt sich das in Eigenschaften wie zuhören zu können, andere Meinungen gelten zu lassen, sich mit ihnen auseinanderzusetzen und die Fähigkeit, zu einem kreativen Arbeitsklima in einer Gruppe beizutragen, um so die Stärken aller Mitarbeiter zu einer einheitlichen Leistung zu bündeln.

Der Gegentyp ist der autoritäre Charakter. Er ist in seinem Verhalten ichbezogen, läßt im wesentlichen nur seine Maßstäbe gelten und versucht, sich in jeder Situation durchzusetzen. Er ist Einzelgänger und nicht teambezogen“[4].

*Soziale Kompetenz ist die Fähigkeit:*

1. *Sich auf wechselnde Partner einzustellen.*
   Der Vorgesetzte muß in der Lage sein, sich auf neue Mitarbeiter und auf neue Abteilungen einzustellen.
2. *Die Absichten anderer zu entschlüsseln.*
   Die Menschen sagen nicht immer, was sie denken. Werden die Absichten falsch eingeschätzt und nicht hinterfragt, so hat der Vorgesetzte nicht die Fähigkeit zu führen.
3. *Für die Konsequenzen des eigenen Verhaltens für andere sensibel zu sein.*
   Sind dem Vorgesetzten die Konsequenzen seines Verhaltens beim Mitarbeiter bewußt? Ist ihm bewußt, was in dem Mitarbeiter vorgeht?
4. *Einsicht in Bedeutung und Funktion von Rollenverhalten zu gewinnen.*
   Jede Leistungsgruppe sollte einen sozialen Träger haben, der dafür sorgt, daß man sich in der Gruppe wohlfühlt. Der soziale Träger muß die Fähigkeit besitzen, die Gruppe zusammenzuhalten, zu motivieren und anzuspornen sowie sich in Führungssituationen richtig zu verhalten.

---

4 Dr. *Karl, H.*, Leiter des Bereichs Personal- und Sozialwesen bei der Deutschen Gesellschaft für technische Zusammenarbeit; FAZ 7. 5. 1994 „Zur Sache“.

**Beispiel:**

Ein sozialer Rollenträger ist z. B. jemand, der nach dem Abendessen auf einem Seminar die Gruppe fragt: „Was machen wir noch mit dem angebrochenen Abend?“ Würde es diesen Rollenträger nicht geben, würde sich die Gruppe nach dem Essen auflösen, und jeder ginge seine eigenen Wege.

5. *Aufgaben und Rollen in Gruppen zu übernehmen.*
   Der Vorgesetzte sollte dann die Aufgaben und Rollen in der Gruppe übernehmen, wenn der Rollenträger in der Gruppe fehlt.
6. *Initiative zu entwickeln, auch ohne eigene Bedürfnisbefriedigung.*
   Auch wenn z. B. der Vorgesetzte den Abend nicht mit seinen Kollegen verbringen möchte, sollte er sich den Bedürfnissen der Gruppe fügen.
7. *Entscheidungen zu treffen.*
8. *Sich angemessen darzustellen.*
9. *Für Vorteile von Partnern einzutreten.*
10. *Integrativ zu wirken.*
11. *„Marginalexistenzen“ anzuerkennen und zu integrieren.*
    In vielen Gruppen gibt es die „graue Maus“. Der Vorgesetzte muß versuchen zu verhindern, daß diese noch mehr an den Rand gedrängt wird.
12. *Konfliktsituationen*
    *– wahrzunehmen,*
    *– zu ertragen,*
    *– zu lösen.*

*Wie bildet sich „soziale Kompetenz“*?

> Erste Notwendigkeit ist, daß wir *„Persönlichkeit“* sind bzw. unsere *Persönlichkeit* weiterentwickeln.
> Persönlichkeit hat nichts mit dem Alter zu tun, denn auch ein Kind kann schon eine Persönlichkeit sein.

Hochschulen, Universitäten und oft auch unsere Schulen vermitteln aber häufig nur Fachwissen. Leider wird in unserer Gesellschaft viel mehr Energie auf Leistung und Geld, aber wenig auf die Entwicklung der Persönlichkeit verwendet. Als Beispiel hierfür können wir die ständigen Streitgespräche in den Familien über die Leistung der Kinder, also die Schulnoten, heranziehen.

Neben der Persönlichkeit ist es für den Vorgesetzten eine weitere Notwendigkeit, *psychologisches Fachwissen zu besitzen*, denn man kann nicht über Zusammenhänge reden, von denen man nichts versteht.

## 2.2 Das Menschenbild des Vorgesetzten – M1/M2-Typen

In diesem Abschnitt wollen wir der Frage nachgehen, was den Vorgesetzten ausmacht, welche Voraussetzungen er mitbringen muß.

Was jeden Vorgesetzten kennzeichnet, ist das Machtstreben:

- *er will Entscheidungen treffen,*
- *Verantwortung übernehmen,*
- *am „Rädchen drehen".*

Hierbei müssen wir zwischen zwei Vorgesetztentypen differenzieren: Es gibt einen wesentlichen Unterschied zwischen dem von mir als M1 bezeichneten Typ auf der einen Seite. Er strebt auch nach Macht, nach Erfolg, danach, Verantwortung zu tragen und Entscheidungen zu treffen. Aber er möchte etwas gestalten, im positiven Sinne mit anderen etwas leisten, er möchte auch Macht ausüben, aber mit sozialer Verantwortung, mit *„sozialer Kompetenz"*. Führungspsychologisch ist er der *leader*, der Leitwolf, der die anderen motiviert, ihnen die Richtung angibt, das Team sucht und führt.

Beruflicher Erfolg ist für ihn nicht alles: Er wägt ab, auch mit dem privaten Partner. Eventuell zieht er sich zurück, wenn er sein Ziel nicht erreicht; er gilt so nach außen als weniger zielstrebig.

Auf der anderen Seite steht der M2-Typ. Er strebt dagegen ausschließlich nach Macht, danach, über andere zu herrschen, der Größte zu sein, egal wie. Er verachtet den Menschen, er benutzt ihn nur.

Er glaubt, mit Macht ein Persönlichkeitsdefizit ausgleichen zu können. Er weiß oder fühlt, daß Macht sein einziger Schutz ist, um nach außen als stark zu gelten. Deshalb ist er in der Wahl seiner Mittel nicht zimperlich.

Der M2-Typ ist der autoritäre Charakter. Er ist in seinem Verhalten ichbezogen, läßt im wesentlichen nur seine Maßstäbe gelten und versucht, sich in jeder Situation durchzusetzen. Er ist Einzelkämpfer und nicht teambezogen. Er ist ein „workaholic", der bis zum Umfallen um seine Macht kämpfen muß.

*Wie werden die M2-Typen zu dem, was sie sind?*

*Ein* mögliches Erklärungsmuter gibt uns eine Antwort. Zunächst einmal ist es ein Antagonismus: die Sehnsucht nach Liebe und gleichzeitig die Angst vor ihr.

Es ist die Antwort auf Verletzungen in der Kindheit; diese Menschen haben das Bedürfnis nach Wärme und Liebe abgespalten, sie wollen den Schmerz, den sie in der Kindheit erfahren haben, nicht mehr; sie wollen sich nur noch stark fühlen.

Sie brauchen den Gegner, sie müssen, da sie nicht in sich ruhen, sich immer wieder beweisen, um so ihr *Selbstwertgefühl* (vgl. 3.4) zu stärken.

Ein Grund, warum diese M2-Typen Erfolg haben: Sie verkörpern das in unserer Gesellschaft herrschende Bild von Stärke. Der Sensible, der mit bestimmten Werten und Normen ausgestattete, der noch Gefühle zeigt und Skrupel hat, gilt bei uns als schwach.

*Welche Auswirkungen haben diese Verhaltensweisen auf das Führungsergebnis der M2-Typen?*

Zunächst einmal sind die Betroffenen sehr einsam, und es besteht die Gefahr, daß sie nur vorsichtig Taktierende in ihrer Umgebung dulden.

**Beispiel:**

Bei einer Firma, die sich in einer tiefen Konjunkturkrise befindet, steht der Vorsitzende, der ein M2-Typ ist, allein; es geht kein Ruck durch die Führungsmannschaft. Die leitenden Mitarbeiter stehen – wie ich es einmal bei einem Vortrag des Vorstandsvorsitzenden beobachten konnte – den Körper halb abgewandt, den Mundwinkel nach unten gezogen, gleichsam als wollten sie sagen: „Ich bin doch einmal gespannt, wie *er* das Problem löst."

Warum engagieren sie sich nicht? Sie rächen sich an ihm, indem sie sagen: „Soll er doch sehen, wie er das Schiff wieder flott bekommt, er hat es ja auch hineinmanövriert." Sie helfen ihm nicht, indem sie sagen: „Jetzt müssen wir die Ärmel hochkrempeln und alle das Beste geben!"

Diese Atmosphäre wird sicher nicht zu einer optimalen Leistung der Mitarbeiter führen! Wenn die Vorgesetzten nicht zu einer echten Partnerschaft kommen, wird sich an dem oft in Großbetrieben auftretenden Problem der „inneren Kündigung" nichts ändern.

Während man beim Verkauf auf den Pfennig achtet, gehen hier Millionenbeträge verloren. Der Mitarbeiter hat in diesen Mammutbetrieben, die auf diese Weise geführt werden, kein menschliches Umfeld mehr; ein Umfeld, das er aber zur optimalen Leistung braucht.

Wie muß der Vorgesetzte nun angelegt sein, von dem wir glauben, daß er seine Führungsaufgabe besser erfüllt?

- Er muß der Ressource Mensch die gleiche Aufmerksamkeit entgegenbringen wie dem Produktionsfaktor Kapital.
- Er muß dem potentiellen leitenden Mitarbeiter mehr Aufmerksamkeit schenken:
  - einmal durch eine Führungs-Kapazitäts-Analyse,
  - zum anderen, indem der Nachwuchs besser ausgewählt und gefördert wird.
- Es muß ein Führungskräftetraining unter verhaltenspsychologischem Ansatz installiert werden.

Der Vorgesetzte muß also über soziale Kompetenz verfügen, um sich bei *Führungsaufgaben* richtig zu verhalten.

Wenn er diese nicht hat, kann er keine Führungsaufgaben wahrnehmen. Leider wird diese Erkenntnis in der Praxis nicht immer so umgesetzt.

Dazu benötigen wir den „Führungskreis" als Bezugsrahmen zur „sozialen Kompetenz".

## 2.3 Der Führungskreis

Der *Führungskreis* ist ein wichtiges Instrument für den Vorgesetzten, das ihm dabei hilft, das Verhalten seiner Mitarbeiter zu verstehen.

Der Führungskreis gibt Antwort auf die Frage: „Welches psychologische Fachwissen benötigt der Vorgesetzte, um seine Mitarbeiter richtig führen zu können?" Der Führungskreis läßt sich in folgende Bereiche aufteilen:

1. Konstruktionsplan Mensch
2. Persönlichkeitsdiagnostik
3. Psychologie des Gesprächs
4. Psychologie der Gruppe
5. Psychologie der Motivation
6. Psychologie der Jugend
7. Welche Einstellung habe ich zum Menschen?

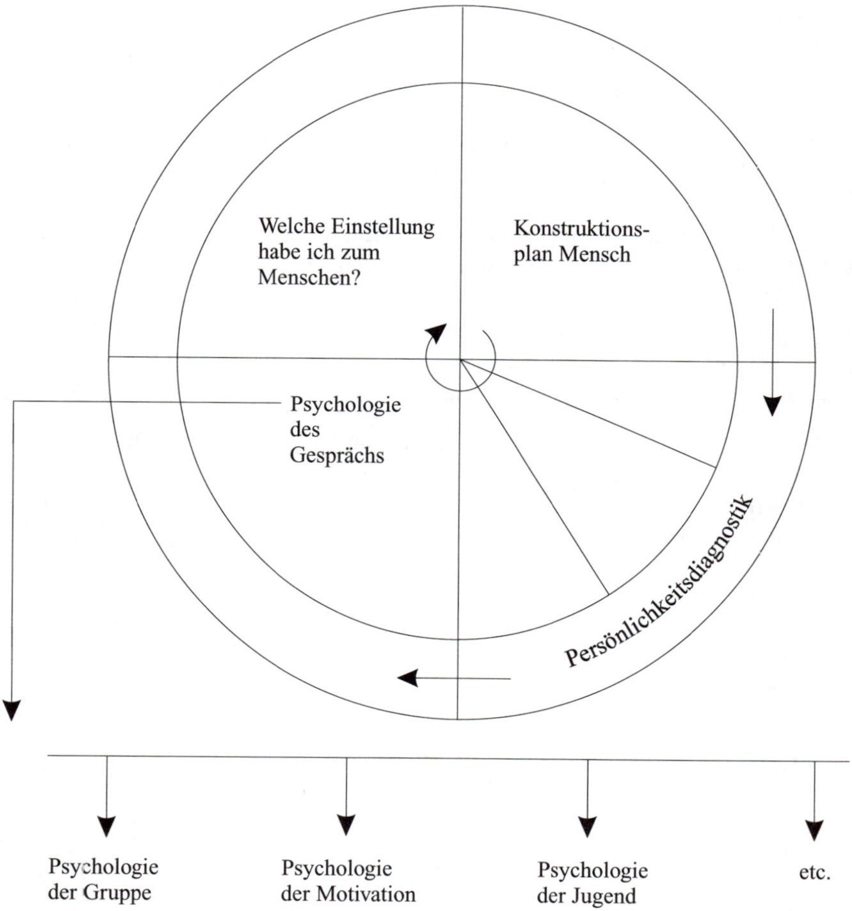


**Abbildung 2**

So wie z. B. ein Mechaniker über den Konstruktionsplan seiner Maschine informiert sein muß, um effizient damit arbeiten zu können, so sollte ein Vorgesetzter über den *„Konstruktionsplan Mensch"* informiert sein, um seine Mitarbeiter richtig und erfolgreich führen zu können.

*Wie kommen wir zum Konstruktionsplan Mensch?*

Hierzu sind *drei Schritte* nötig:

1. Es werden *empirische Untersuchungen* durchgeführt, d. h. die Verhaltensweisen einer großen Anzahl von Menschen werden untersucht und ausgewertet.
2. Aufgrund dieser Beobachtungen gelangt man zu einer Anzahl von *„typischen Verhaltensweisen"* des Menschen.
3. Hieraus lassen sich dann verschiedene *Modelle* bilden, die aufzeigen, warum und wie der Mensch sich in einer bestimmten Weise verhält.

Diese Modelle helfen uns bei Vorliegen eines bestimmten Verhaltens, eine Antwort auf die Frage zu geben: „*Warum* verhält sich der Partner so?" oder wenn wir die Antwort auf die Frage suchen: „Wie *wird* mein Partner in einer ganz bestimmten Situation reagieren?"

# 3. Die 6 Modelle des „Konstruktionsplans Mensch" oder der Aufbau des „Systems Mensch"

In der Folge werden 6 wichtige tiefenpsychologische Modelle dargestellt und erläutert:

1. Der Abwehrmechanismus (vgl. Abb. 3, S. 27)
2. Die Schichtentheorie (vgl. Abb. 4, S. 46)
3. Das Instanzenmodell (vgl. Abb. 5, S. 50)
4. Das Selbstwertgefühl (vgl. Abb. 7, S. 55)
5. Das Bewußte/Unbewußte (vgl. Abb. 8, S. 58)
6. Die Transaktionsanalyse (TA) (vgl. Abb. 10, S. 62).

## 3.1 Die Abwehrmechanismen als erstes Modell des „Konstruktionsplans Mensch"

Das Modell „Abwehrmechanismus" ist das wichtigste Modell für das Verstehen vom Verhalten der Menschen.

Abwehrmechanismen können als Schutz des *Selbstwertgefühls* (vgl. 3.4) angesehen werden, die dann eingreifen, wenn die Gefahr besteht, daß das Selbstwertgefühl „beschädigt" wird. Sie sind Hilfsmaßnahmen, die der Mensch unbewußt einsetzt, um sein Selbstwertgefühl stabil zu halten.

Abwehrmechanismen sind in unterschiedlicher Häufigkeit bei jedem Menschen vorhanden. Benutzt ein Mensch jedoch häufig und viele Abwehrmechanismen, sind dies Indikatoren für ein eher geringes Selbstwertgefühl.

Stellen wir bei einem Menschen Abwehrmechanismen fest, können wir generell daraus schließen, daß ein Wunsch („Motiv") unbefriedigt bleibt, eine Frustation vorliegt und daß sein Selbstwertgefühl bedroht wird.

Hierzu ein erstes *Beispiel:*

In einer Gesprächsrunde wird einer der Gesprächsteilnehmer offen blamiert.

In einer solchen Situation finden wir häufig zwei Verhaltenweisen:

1. Der Blamierte wird aggressiv, oder
2. der Blamierte errötet und zieht sich zurück.

Dieses Beispiel mag vielleicht zu einfach erscheinen, das Leben ist schwieriger, aber die meisten Konflikte, mit denen wir im betrieblichen und außerbetrieblichen Bereich (privat) konfrontiert werden, waren – zumindest zu Beginn – erschreckend banal. Erst im Laufe der Zeit „weitet sich das Hemmnis aus“!

Ein zweites *Beispiel:*

Ein Ausbildungsleiter (Dipl.-Physiker, 50 Jahre alt, 3000 Auszubildende, 100 Ausbilder) sieht auf einem Rundgang einen seiner Ausbilder im Gespräch mit einem Auszubildenden. Der Ausbilder erklärt dem Auszubildenden die Funktion einer Maschine, aber so kompliziert, daß der Lehrling es nicht verstehen kann. Da greift der Ausbildungsleiter in das Gespräch ein. Er erklärt mit einfachen Worten, aber verständlich das Problem.

Der Ausbilder fühlt sich vor dem Auszubildenden bloßgestellt und fürchtet um seine Autorität als Ausbilder.

Aufgrund des Verhaltens seines Vorgesetzten zieht er sich resigniert zurück.

Kennt nun der Ausbildungsleiter die intrapersonellen Mechanismen nicht, die zu dem o. g. Verhalten des Ausbilders führten, kann dies der Beginn einer Auseinanderentwicklung zwischen Vorgesetztem und Mitarbeiter sein, an dessen Ende die *„innere Kündigung“* des Ausbilders steht.

Das Modell des Abwehrmechanismus gibt einen Hinweis auf die tiefenpsychologischen Gründe des menschlichen Verhaltens, das Modell „dekodiert“ das Verhalten des Ausbilders:

Oben wurde dargestellt,

- daß der Ausbilder gelobt werden wollte; das war nicht der Fall ——> unbefriedigtes Motiv
- statt dessen fühlte er sich bloßgestellt ——> Frustration
- „mit mir kann er es ja machen“ ——> Bedrohung des Selbstwertgefühls
- er zieht sich resigniert zurück ——> Abwehrmechanismus Schmollwinkel

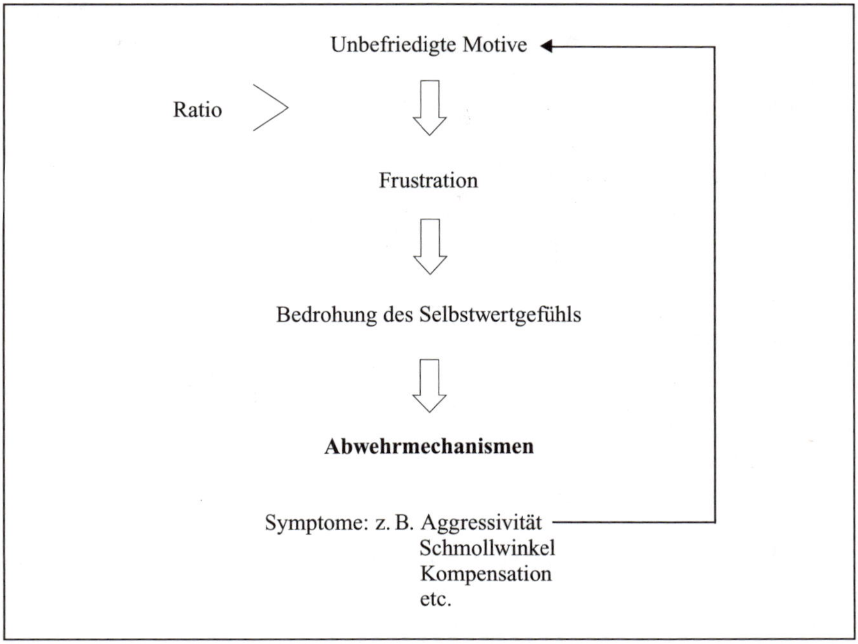


**Abbildung 3**

> Abwehrmechanismen sind jedoch nur *Symptome*, die die Auswirkungen eines unbefriedigten Motives und nicht die *Ursache* beschreiben. Daher wäre es falsch, wenn ein Vorgesetzter sich nur um die Symptome kümmen würde. Er muß versuchen, den *Grund* des Mitarbeiterverhaltens herauszufinden, so wie der Arzt auch nicht nur das Fieber (als Symptom für eine Infektion) behandeln darf.

**Beispiel:**

Ein Mitarbeiter hat plötzlich hohe Fehlzeiten, besonders montags und freitags, grüßt nicht mehr und macht nur noch „Dienst nach Vorschrift".

Würde der Vorgesetzte den Mitarbeiter aufgrund seines veränderten Verhaltens rügen, so könnten vielleicht die *Symptome* bekämpft werden, die *Ursache* für seine Verhaltensänderung bliebe hingegen bestehen.

Darum sollte der Vorgesetzte versuchen (evtl. in einem Gespräch), die Ursache für das veränderte Verhalten des Mitarbeiters herauszufinden.

**Beispiel:**

Der Mitarbeiter machte sich Hoffnung, befördert zu werden. Entsprechende Hinweise seines Vorgesetzten bestärkten ihn darin.

- Wider Erwarten wird ein Kollege bevorzugt → unbefriedigtes Motiv
- „Der Vorgesetzte hat mich hintergangen" → Frustration
- „Bei Kollegen hätte er sich das nicht erlaubt" → Bedrohung des Selbstwertgefühls
- Er wendet seine ganze Kraft der Tätigkeit in einem Club zu → Kompensation

**Beispiel:**[5]

Dipl.-Kfm., 50 Jahre alt, Geschäftsführer einer Tochtergesellschaft in Südamerika, beendet seinen Auslandsaufenthalt.

- Er erwartet im Stammwerk eine adäquate Stellung und Tätigkeit → Motiv
- Er erhält einen „Sachbearbeiterposten mit Sonderaufgaben" → unbefriedigtes Motiv
- Seine Frau – Südamerikanerin – fragt, warum er so früh zur Arbeit gehe → Frustration
- disziplinarischer Vorgesetzter ist gleichaltrig, hat nicht studiert, ohne Auslandserfahrung; der fachliche Vorgesetzte ist 20 Jahre jünger → Bedrohung des Selbstwertgefühls
- ständige Kritik am Führungsstil des Vorgesetzten → Abwehrmechanismen – Widerstand
- Vorwurf der Unterforderung → – „Dienst nach Vorschrift"
- achtet persönlich genau auf die Arbeitszeit
- wartet auf Pensionierung

---

5 Weitere ausführlich besprochene Beispiele finden Sie in Heft 23 dieser Reihe: „Methodik der Konfliktlösung".

Mit Hilfe der *Ratio* kann man bei Vorliegen eines unbefriedigten Motives allerdings den Ablauf unterbrechen. Dadurch kommt es nicht zur Frustration.

**Beispiel:**

Der Chef „motzt" wegen einer Kleinigkeit den Mitarbeiter an: ein *„unbefriedigtes Motiv"* für den Mitarbeiter. Normalerweise würde *Frustration* entstehen – bis hin zum Abwehrmechanismus.

Der Mitarbeiter unterbricht aber den Ablauf, indem der *„die Ratio einschaltet"*: „Der Chef fährt morgen in Urlaub und ist nervös; er wollte mich mit seiner Aussage nicht treffen."

### 3.1.1 Die klassischen Abwehrmechanismen

In der Psychologie unterscheiden wir 6 klassische Abwehrmechanismen, die insbesondere auf die Erkenntnisse von *Freud* zurückgehen.

- Verdrängung
- Verleugnung der Wirklichkeit
- Projektion
- Rationalisierung
- Reaktionsbildung
- Verschiebung

Im folgenden werden diese Begriffe näher erläutert.

*Verdrängung*

Die Verdrängung ist eine Möglichkeit des Ich, unangenehme Inhalte vom Bewußtsein auszuschließen.

Die vom Ich nicht akzeptierten Triebansprüche des Es[6] oder Forderungen des Über-Ich[7] werden ins Unbewußte abgedrängt.

**Beispiel:**

Der Mitarbeiter „vergißt" häufig unangenehme Termine.

---

6 Vgl. Instanzenmodell, S. 50.
7 Vgl. Instanzenmodell, S. 50.

*Verleugnung der Wirklichkeit*

Die mit einer Situation verbundenen (positiven und negativen) Gefühle werden als nicht vorhanden dargestellt. Das Ziel ist hier die Entlastung des Ich von Konflikten.

**Beispiel:**

- Die Auseinandersetzungen mit bestimmten Problemen, z. B. die zwischenmenschlichen Beziehungen zu anderen Kollegen, werden als völlig unproblematisch angesehen (oder dargestellt) bzw. schlicht verleugnet.
- Beruflicher Ergeiz und Wunsch nach Befriedigung werden im Beruf als nicht vorhanden angesehen.

*Projektion*

Hierunter ist die Übertragung eigener Gedanken und Gefühle auf andere Personen oder Sachen zu verstehen. Die Gedanken und Gefühle können positiv („mein Sohn wird mal was Besseres als ich; er ist so begabt") oder negativ („der Herr X schaut mich immer so unfreundlich an") sein.

**Beispiel:**

- Ein Kollege verhält sich nach dem Urlaub anders als gewohnt, und man vermutet Aggressionen beim anderen, wenn man selbst erregt ist.
- Eigenschaften, die man bei sich selbst nicht mag (z. B. Schlamperei am Arbeitsplatz), werden bei einem anderen Kollegen besonders deutlich gesehen und vehement abgelehnt.

*Rationalisierung*

Mit diesem Abwehrmechanismus wird versucht, akzeptable Gründe für ein Verhalten zu finden, das tatsächlich durch andere Motive bestimmt war.

**Beispiel:**

Ein Vorschlag des Herrn X (den ich nicht leiden kann) bekommt von mir eine vernichtende Beurteilung. Der Vorschlag wäre von mir völlig anders beurteilt worden, hätte Herr Y (den ich mag) diesen Vorschlag gemacht.

Das aggressive Verhalten aus „rein sachlichen Gründen" kann eine Rationalisierung für meine Emotionen Herrn X gegenüber sein (vgl. 3.2).

*Reaktionsbildung*

Hier werden Konflikte dadurch entschärft, daß bestimmten Gefühlen andere – besonders starke – Gefühle entgegengesetzt werden.

**Beispiel:**

Aggressive Verhaltensweisen des Vorgesetzten, allgemein und gegen seine Sekretärin, können den Versuch darstellen, unerfüllbare Wunschvorstellungen (z. B. Zuneigung für die Sekretärin) nicht hochkommen zu lassen.

*Verschiebung*

Bei der Verschiebung wird der Konflikt auf eine andere Person verlagert.

**Beispiel:**

Aggressionen, die auf den Chef gerichtet sind und nicht adäquat abgearbeitet werden können (z. B. durch eine offene Diskussion), können auf dem Wege der Verschiebung auf eine andere Person (z. B. Kollegen oder die eigene Frau) gerichtet werden. Durch diese Ersatzbefriedigung kann eine Entlastung des Konflikts erfolgen.

### 3.1.2 Die wesentlichen Abwehrmechanismen im Überblick

In der Folge werden noch weitere Abwehrmechanismen dargestellt und erläutert. Sie sollen den Leser in die Lage versetzen, bestimmte Verhaltensweisen eines Partners/Mitarbeiters als Abwehrmechanismus zu diagnostizieren und das unbefriedigte Motiv zu finden.

| **Beispiel** | **Psychologische Erklärung** |
|---|---|
| 1. Ein Mitarbeiter hat einen gravierenden Fehler gemacht, aber benachrichtigt seinen Vorgesetzten nicht. | Er hat diese unangenehme Information „vergessen". |
| 2. Ein Mitarbeiter ist der festen Überzeugung, daß für eine Beförderung Alter und Beziehung entscheidend sind. | Er wurde mehrmals nicht befördert. |
| 3. Ein Mitarbeiter, der sich sehr engagiert, wird von seinem Abteilungsleiter in keiner Weise gefördert, und es wird ihm sogar vorgeworfen, er arbeite gegen seinen Chef. | Der Abteilungsleiter ist selbst relativ erfolglos und in seiner Karriere nicht vorangekommen. |
| 4. Obwohl ein Mitarbeiter relativ gut verdient, kündigt er mit der Begründung, daß er zuwenig verdiene. | Der eigentliche Kündigungsgrund ist ständiger Ärger mit dem Vorgesetzten. |
| 5. Ein Mitarbeiter verteidigt plötzlich vehement seinen Vorgesetzten. | Er wurde entgegen seiner Erwartung nicht befördert. |
| 6. Ein Lehrling wird wegen einer Lapalie von seinem Meister „total niedergemacht". | Der Meister hat vorher eine „Abreibung" von seinem Chef bekommen. |

| **Psychologischer Prozeß** | **Name des Abwehrmechanismus** |
| --- | --- |
| Antriebe, Wissen, Erfahrungen und Gefühle werden vollständig aus dem Bewußtsein ausgeschlossen, um Angst- oder Schuldgefühle zu vermeiden. | Verdrängung |
| Ein Individuum verschließt die Augen vor der Realität, um damit Beeinträchtigungen seines Selbstwertgefühls zu entgehen; für bestimmte Vorkommnisse entwickelt es einen „blinden Fleck“. | Verleugnung der Wirklichkeit |
| Das Individuum schützt sich selbst vor den eigenen unerwünschten Eigenschaften oder nicht akzeptierten Gefühlen, indem es sie anderen zuschreibt. | Projektion |
| Inkonsequente oder unerwünschte oder emotional bedingte Verhaltensweisen, Überzeugungen oder Motive werden „bemäntelt“, indem rational Erklärungen vorgeschoben werden. | Rationalisierung |
| Wünsche, die nicht angenommen werden, werden verdrängt, und an ihrer Stelle werden die entgegengesetzten Einstellungen oder Verhaltensweisen mit großem Nachdruck vertreten. | Reaktionsbildung |
| Eine bestimmte Gefühlseinstellung wird nicht dem Objekt entgegengebracht, dem sie zukommt, sondern auf ein anderes umgelenkt, das mit der eigentlichen Ursache nichts zu tun hat. | Verschiebung |

| Beispiel | Psychologische Erklärung |
|---|---|
| 7. Einem Abteilungsleiter fällt auf, daß sich sein Mitarbeiter privat sehr für einen Fußballclub einsetzt, aber in der Firma nur mittelmäßigen Einsatz zeigt. | Da ihm eine mögliche Beförderung verwehrt wurde, engagiert sich der Mitarbeiter stark im Fußballclub. |
| 8. Ein Ausbilder vernachlässigt seine Ausbilderfunktion | Der Ausbildungsleiter hat ihn vor den Lehrlingen gerügt und seine Fachkompetenz in Zweifel gezogen. |
| 9. Ein Projektleiter klagt plötzlich über starke Kopfschmerzen. | Tags zuvor wurde sein neu entwickeltes Projekt abgelehnt. |
| 10. Ein neu ernannter Assistent ändert plötzlich seine Sprache, sein Gehabe, seine Kleidung, … etc. | Das neue Verhalten erinnert sehr an das Verhalten des Vorgesetzten. |
| 11. Eine Führungskraft vergräbt sich plötzlich in Kleinkram, der besser von Mitarbeitern ausgeführt würde. | Die Führungskraft ist in einem wichtigen Vorhaben gescheitert. |
| 12. Ein Mitarbeiter zeigt hohen Ehrgeiz und extremen Leistungsdrang. | Der Mitarbeiter wandelt seine aggressiven Impulse in Leistungsdrang um. |
| 13. Ein Mitarbeiter zerpflückt in einem Ausschuß jede gemachte Änderung. | Er wurde gegen seinen Willen in den Ausschuß geschickt. |
| 14. Ein Mitarbeiter fällt durch eine überbetont sachliche Haltung im Gespräch auf. | Er wird häufig von seinem Chef bevormundet. |

| Psychologischer Prozeß | Name des Abwehrmechanismus |
| --- | --- |
| Die Person verfolgt irgendein Vorhaben mit hohem persönlichen Einsatz, um damit eine erlebte oder tatsächliche Unzulänglichkeit auf einem anderen Gebiet wettzumachen. | Kompensation |
| Der Ausbilder ist innerlich „verletzt". Er möchte mit seinem Verhalten den Ausbildungsleiter bestrafen. | innere Kündigung |
| Emotionale Spannungen und Konflikte drücken sich in einer Vielzahl von psychosomatischen Symptomen aus (Schmerzen, Kreislaufbeschwerden, Asthma, Hautkrankheiten, Magengeschwür). | Konversion („Flucht in die Krankheit") |
| Das Individuum erhöht sein Selbstwertgefühl, indem es sein Verhalten nach dem einer anderen Person ausrichtet, häufig verinnerlicht es die Werte und Überzeugungen des anderen. Damit hat es teil an den Erfolgen (oder Rückschlägen) des anderen. | Identifikation |
| Die Person fällt auf eine frühere, weniger „reife" Verhaltensform zurück. | Regression |
| Gesellschaftlich tabuisierte Bedürfnisse werden durch Ersatzhandlungen befriedigt, die von der Gesellschaft akzeptiert werden. | Sublimierung |
| Aktiver oder passiver Widerstand, der unbewußt abläuft (Neinsagen). | Widerstand |
| In angstbeladenen Situationen werden die daraus entstehenden emotionalen Regungen ausgeblendet. | Isolierung |

| Beispiel | Psychologische Erklärung |
|---|---|
| 15. Ein Mitarbeiter träumt davon, in einer Besprechung einen Vorschlag zu machen, der von allen als Rettung aus einer fatalen Situation begrüßt wird. | Er wird von Kollegen und Vorgesetzten wenig geschätzt. |
| 16. Ein Ausschlußmitglied fällt durch sehr geringe Kooperationsbereitschaft auf. | Er wurde gegen seinen Willen in den Ausschuß entsandt. |
| 17. Eine bestimmte Vorschrift, die sich längst als unsinnig erwiesen hat, wird weiter eingehalten. | Man will es „denen da oben“ zeigen! |
| 18. Ein Mitarbeiter fällt durch lustloses Arbeiten auf. | Der Mitarbeiter wurde nie belobigt oder ermutigt. |
| 19. Ein Mitarbeiter kapselt sich völlig ab und wird zum Einzelgänger. | Er ist mit seinen anfänglichen Kontaktversuchen gescheitert. |
| 20. Ein Mitarbeiter wird in Schlägereien verwickelt und beschädigt absichtlich eine Maschine. | Er wird von seinen Kollegen ständig gehänselt und verlacht. |
| 21. Ein Mitarbeiter macht sich selbst schlecht. | Er sichert sich so Trost und Hilfe von seinen Vorgesetzten und Kollegen. |

| **Psychologischer Prozeß** | **Name des Abwehrmechanismus** |
|---|---|
| Tagträume oder andere Formen imaginärer Aktivität verhelfen zur Flucht aus der Wirklichkeit und zu erlebter Befriedigung. | Flucht in die Phantasie |
| Aktiver und passiver Widerstand, der unbewußt abläuft. | Trotz, Ablehnung (Ablehnen) |
| Die Aufrechterhaltung einer bestimmten Reaktion, auch wenn sich wiederholt gezeigt hat, daß sie zu keiner Lösung der Probleme führt. | Fixierung |
| Rückzug aus dem Bereich, in dem man Erniedrigung, Frustration, Konflikt etc. erfahren mußte. | Flucht |
| Der psychologische Kontakt mit der Umwelt wird abgebrochen und jede emotionale oder persönliche Beteiligung abgebaut. | Resignation (Apathie, Desinteresse) |
| Eine Person „rächt“ sich für eine erlittene oder empfundene Niederlage oder Beeinträchtigung, indem sie andere unterdrückt, beherrscht oder schädigt. Die Aggression kann sich auch auf Sachen richten (Zerstörungswut, Sabotage). | Aggression |
| Anstatt seine Aggressionen nach außen zu wenden, kehrt sie das Individuum gegen sich selbst: Indem es sich vorbeugend selbst bezichtigt und erniedrigt, nimmt es anderen die Möglichkeit, dies zu tun. | Selbstbeschuldigung |

| Beispiel | Psychologische Erklärung |
|---|---|
| 22. Ein Mitarbeiter arbeitet überaus genau und hält sich an die Vorschriften. | Er wurde von seinem Chef wegen Unachtsamkeit getadelt. |
| 23. Ein Mitarbeiter macht einen Fehler, den er nicht mehr hätte machen dürfen, und versucht, diesen durch einseitig verstandesmäßiges Denken (schlechte äußere Arbeitsbedingungen) zu begründen. | Er möchte sein Verhalten vor sich selbst entschuldigen. |
| 24. Ein Mitarbeiter betont überraschend seine Freundschaft zu einem Kollegen. | Er hat beim gemeinsamen Chef gegen seinen Kollegen intrigiert und streitet dies im nachhinein ab. |
| 25. Ein Mitarbeiter betritt ungern das Zimmer des Chefs, auch wenn es nur darum geht, sich Informationen zu besorgen. | Gedanken an den Chef bereiten ihm unangenehme Gefühle. |
| 26. Ein Mitarbeiter bestreitet den Wunsch nach einer möglichen Versetzung in eine andere Abteilung, obwohl er ihn wirklich hegt. | Er ist zu schwach, um zu seiner Meinung zu stehen. |
| 27. Ein Mitarbeiter versucht, jeden Kontakt mit seinem Chef zu vermeiden. | Er wurde von ihm zum wiederholten Male unsachlich kritisiert und ungerecht behandelt. |

| **Psychologischer Prozeß** | **Name des Abwehrmechanismus** |
|---|---|
| Dadurch, daß eine Person alle Ansprüche aufs i-Tüpfelchen befolgt, sichert sie sich vor Vorwürfen und hat beim Versagen vor sich und anderen eine Rechtfertigung. | Überkonformität („Ja-Sager“) |
| Prozeß, durch den das Individuum versucht, unbewußte Vorgänge zu erklären, indem es sie mit Vorstellungen verknüpft, die mit dem Denkvermögen und Verstand zu erklären sind. | Intellektualisierung |
| Die Person bemüht sich, so zu tun, als ob Gedanken, Worte, Gesten, abgelaufene Handlungen nicht geschehen wären; hierfür benutzt sie ein Verhalten, dem eine entgegengesetzte Bedeutung zukommt. | Ungeschehenmachen |
| Vermeidung einer Situation, um unangenehme Gefühle zu vermeiden. | Hemmung |
| Zurückweisen einer Behauptung einer anderen Person, die einem einen Gedanken, Wunsch, ein Gefühl oder eine Handlung unterstellt. Man verneint, daß dieser Gedanke der eigene ist. | Verneinung |
| Fliehen vor jenen äußeren Situationen, von denen man Unannehmlichkeiten befürchtet. Provozierende oder erniedrigende Zustände werden vermieden. | Rückzug |

| **Beispiel** | **Psychologische Erklärung** |
|---|---|
| 28. Ein Mitarbeiter verzichtet auf jede Form der Fortbildung. | Er hatte im Rahmen einer Fortbildung eine Prüfung nicht bestanden und zweifelt nun an seinem Können. |
| 29. Ein Mitarbeiter befaßt sich nur mit seinen irrealen Wünschen und Bedürfnissen. Die Kommunikation mit den Kollegen ist erheblich beeinträchtigt. | Er wird von seinem Kollegen nicht akzeptiert. |
| 30. Ein Mitarbeiter ist zu seinem Vorgesetzten sehr höflich und sehr unterwürfig. | Er hat eine starke Abneigung gegen seinen Vorgesetzten und fühlt sich unterlegen. |
| 31. Ein Mitarbeiter unterstellt seinem Vorgesetzten sofort mangelnde Objektivität. | Es geht um ein Bewertungsgespräch über ihn selbst, und er befürchtet eine schlechte Beurteilung. |
| 32. Ein neuer Mitarbeiter „spielt“ den Wichtigen, Lässigen und Selbstsicheren. | Er versucht, die Aufmerksamkeit auf sich zu lenken und von seiner Unsicherheit abzulenken. |
| 33. Eine Person wirft einer anderen mißbilligende Blicke zu. | Die Blicke entsprechen einer „Kampfansage“, aber er wagt es nicht, dies offen zu zeigen. |

| **Psychologischer Prozeß** | **Name des Abwehrmechanismus** |
|---|---|
| Ein Ziel wird nicht gleich erreicht, und infolge der daraus entstandenen Enttäuschung werden keine neuen Versuche unternommen, noch andere gleichwertige Ziele anzustreben. Die Person gibt auf. | Resignation |
| Das Individuum verliert mehr und mehr den Kontakt zur Wirklichkeit und sperrt sich von der Umwelt ab. | Autismus |
| Bestimmte Impulse können aufgrund bestehender sozialer Normen nicht ungestraft geäußert werden. Der Betreffende überwindet die Angst vor einer Äußerung durch eine Verkehrung ins Gegenteil. | Verkehrung ins Gegenteil |
| Angriffe sollen die Gefahr einer Bedrohung abwenden. Der Angriff kann ganz offensichtlich verbal oder physisch oder aber auch zum Schein erfolgen. | Angriffsreaktion |
| Der Versuch, Eindruck zu machen, um andere an ihren hohen Rang in der sozialen Hierarchie glauben zu machen. | Betont sicheres Auftreten und Angeberei |
| Das Individuum möchte den Gegner dazu bewegen, das Feld zu räumen, indem es ihm eigene Macht demonstriert. | Bedrohung und Herausforderung |

| Beispiel | Psychologische Erklärung |
|---|---|
| 34. Während einer „harten“ Diskussion „argumentiert“ einer der Teilnehmer: „Sie wissen wohl nicht, mit wem Sie es zu tun haben!“ | Er will den Diskussionspartner einschüchtern. |
| 35. Ein Mitarbeiter nimmt keinen Mitarbeiterkredit auf, obwohl dieser ihn am billigsten käme. | Er steht nicht zu seinem Verhalten; er möchte nicht, daß bekannt wird, daß er über seine Verhältnisse lebt. |
| 36. Plötzlicher Diensteifer von Angestellten und Arbeitern, wenn der Vorgesetzte vorbeikommt. | Sie stehen nicht zu ihrem Verhalten. Sie haben Angst vor der „Autorität“. Der Vorgesetzte soll den Eindruck bekommen, daß immer so eifrig gearbeitet wird. |
| 37. Ein Mitarbeiter wird während einer Besprechung aufgefordert, über ein Projekt zu berichten und verhält sich so, als habe er die Aufforderung nicht gehört. | Der Mitarbeiter startet einen verzweifelten Versuch, die ihn überfordernde Aufgabe nicht ausführen zu müssen. Er hat Angst zu versagen. |
| 38. Ein Mitarbeiter versucht, häufige Fehler mit Überbeanspruchung und Krankheit zu erklären. | Er versucht, die Fehler nicht auf seine eigene mangelne Fähigkeit zu beziehen. |
| 39. Eine Sekretärin fühlt sich überfordert und klagt deshalb wiederholt bei ihrer Kollegin. | Sie möchte von der Kollegin getröstet und verstanden werden. |

| Psychologischer Prozeß | Name des Abwehrmechanismus |
|---|---|
| Jemand, der sich bedroht oder der Gefahr der Minderwertigkeit ausgesetzt fühlt, versucht, den potentiellen Gegner zu beeindrucken, ihn zu ängstigen und ihn zu bewegen, seine herrschsüchtigen oder aggressiven Absichten fallenzulassen. Er möchte den anderen einschüchtern. | Selbsterhöhung |
| Der Versuch, unerkannt zu bleiben, um damit der Begegnung oder einem Urteil aus dem Weg zu gehen. Das Handeln wird von dem Bild geleitet, das man dem anderen von sich selbst vermitteln will. | Ausweichreaktion |
| Verhaltensweise, die den Beobachter hinters Licht führen soll mit dem Ziel, ein ungünstiges Urteil zu verhindern und zugleich eine Zurechtweisung zu vermeiden. | Täuschungsreaktion |
| Eine Abwehrreaktion in Form einer Erstarrung, eines Bewegungsstillstands, damit man keinen Anlaß mehr zur Beurteilung gibt (Handlungsunfähigkeit). | Blockierungsreaktion |
| Die Person versucht, durch Rationalisierungen, soziale Entschuldigungen und tugendhaftes Gebaren, sich selbst zu schützen und seinen Wert in den Augen der anderen zu steigern. | Rechtfertigungsreaktion |
| Verhaltensweise, um bei einem anderen Anerkennung oder Mitleid zu erwecken, indem man seine eigene Schwäche betont. | Verführungsreaktion |

| **Beispiel** | **Psychologische Erklärung** |
|---|---|
| 40. Nach einem Fehler reagiert ein Mitarbeiter gegenüber seinem Vorgesetzten: „Sie haben völlig recht, Herr Dr. Müller, mit dem, was Sie über mich sagen, Sie haben ja so recht, ich bin wirklich ein armer Kerl.“ | Er möchte Mitleid bei seinem Vorgesetzten erzeugen und von ihm getröstet werden. |
| 41. Während eines Beurteilungsgesprächs reagiert der Mitarbeiter häufig mit Kopfnicken, unterwürfigem Blick oder einem Niederschlagen der Augen. | Der Mitarbeiter ist ängstlich und schutzbedürftig. |
| 42. Ein Mitarbeiter betont plötzlich die Vorteile und die angenehmen Bedingungen seiner jetzigen Stellung. | Er hat den gewünschten Auslandsposten nicht erhalten. |
| 43. Ein Mitarbeiter, der die ganze Zeit starkes Interesse für das Ausland bekundete, weist plötzlich auf Gefahren und Risiken bei einem Auslandsposten hin. | Er hat den gewünschten Auslandsposten nicht erhalten. |

| **Psychologischer Prozeß** | **Name des Abwehrmechanismus** |
|---|---|
| Das Individuum zeigt durch Reaktionen der Selbstbescheidung und Selbstentwertung, daß es keinen Angriff wert ist. Es schützt sich dadurch gegen Angriffe und Risiken der Herabsetzung. Durch das Einnehmen einer passiven Unterwerfungshaltung soll die Gefahr vermieden werden, in einen wirklichen Schwächezustand gebracht und als in einem solchen befindlich wahrgenommen zu werden. | Rückzugsreaktion |
| Bei dieser Verhaltensweise sucht das Individuum Schutz, indem es sich fügt. Es sucht sich selbst zu beruhigen durch seine zur Schau getragene Zugehörigkeit, durch die Bekundung seiner Gefolgschaft oder durch eindeutige Billigung. | Unterwerfungsreaktion |
| Durch die Betonung der positiven Eigenschaften seiner jetzigen Stellung soll die Enttäuschung verringert werden. | „Süße-Zitronen“-Reaktion |
| Durch die Betonung der negativen Eigenschaften des Auslandspostens soll die Enttäuschung verringert werden. | „Saure-Weintrauben“-Reaktion |

## 3.2 Die Schichtentheorie als zweites Modell des „Konstruktionsplans Mensch“

Der wohl älteste Versuch, das menschliche Verhalten zu erklären, ist die Schichtentheorie.

Sie geht davon aus, daß der Mensch aus *3 Schichten reagiert*, aus

- *Geist,*
- *Gefühl,*
- *Trieb.*

Diese drei Schichten stehen zunächst gleichberechtigt nebeneinander. Es drängt sich aber die Frage auf, aus welcher Schicht heraus der Mensch am häufigsten reagiert, aus welcher Schicht er lebt und handelt.

Ist er

- geistbetont oder
- gefühlsbetont?

Entsprechend unserer soziokulturellen Prägung streben wir danach, „geistbetont“ zu sein.

Wir wollen alle „intelligent“ sein und am ehesten aus der „Geistschicht“ heraus reagieren.

Aber entspricht dies der Realität?

Nein! Merke: Der Mensch ist ein gefühlsbetontes Wesen. Dies bedingt, daß wir auf zwei Ebenen miteinander verkehren: auf der rationalen Ebene und auf der emotionalen, wobei im Umgang miteinander die „emotionale Schiene“ häufiger angesprochen wird als die rationale.

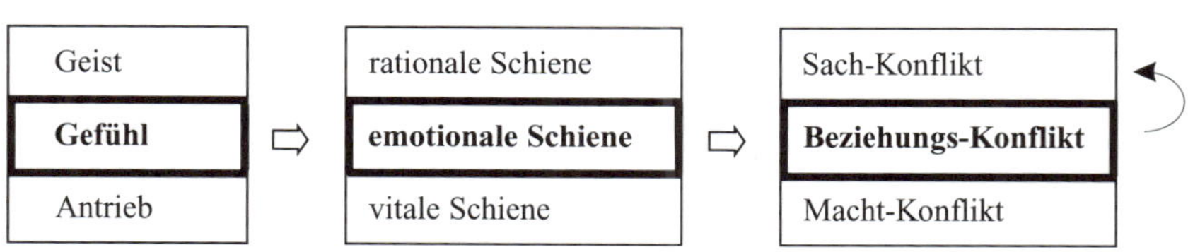


**Abbildung 4**

Wenn die emotionale Schiene blockiert ist, können wir nur schwer auf der rationalen Ebene miteinander erfolgreich kommunizieren. Dies läßt sich überall beobachten: in Wirtschaft, Politik und im privaten Bereich.

**Beispiel:**

Die „emotionale Schiene" zwischen dem früheren Bundeskanzler Schmidt und Giscard, dem französischen Premier, war frei, deshalb konnten sie auch im rationalen Bereich Positives leisten; die „emotionale Schiene" zwischen Schmidt und Carter bzw. Reagan war nicht frei, deshalb hatten sie auch im sachlichen Bereich große Schwierigkeiten.

Oder: Die „emotionale Schiene" zwischen Bundeskanzler Kohl und DDR-Ministerpräsident Modrow war blockiert, deshalb waren auch die sachlichen Schwierigkeiten verständlich.

Diese Erkenntnisse bereiten den Firmenleitungen oftmals Schwierigkeiten. Sie wollen den Mitarbeiter, der auf der rationalen Schiene „funktioniert", und verstehen nicht, weshalb sie sich um seine emotionale Schiene kümmern sollen.

Die Menschen sind konfliktträchtige Wesen. Nach der obigen Aussage gibt es deshalb Sachkonflikte und Beziehungskonflikte. Entsprechend der in Mitteleuropa herrschenden Meinung dürfen wir aber nicht zugeben, daß wir Beziehungskonflikte haben. Wir etikettieren deshalb einfach um, indem wir Beziehungskonflikte als Sachkonflikte darstellen.

Im betrieblichen Alltag sieht das dann so aus: Wir haben mit dem Partner noch „eine alte Rechnung zu begleichen" und schlagen ihm einen Wunsch ab, aber selbstverständlich aus Sachzwängen heraus (!): „Ich würde Ihnen ja gerne behilflich sein, aber meine Abteilung ist voll ausgelastet."

Daß der Mensch kein geistbetontes Wesen ist, zeigt auch folgendes Beispiel:

**Beispiel: Das Raucherbeispiel**

Zwei Ihnen unterstellte Mitarbeiter A und B produzieren das Gut X und haben plötzlich eine hohe Ausschußquote. Sie greifen nicht sofort ein, aber nachdem es sich nicht bessert, rufen Sie die beiden Mitarbeiter zu sich und analysieren die Situation.

Hierbei stellen Sie fest, daß beide seit Jahren im Raum 1 arbeiten, befreundet waren, aber seit einigen Wochen Streit haben.

Der Grund: Beide waren Nichtraucher. A kam vom Urlaub als Raucher zurück. B fand sich damit nicht ab.

Sie entscheiden: Nichts einfacher als dies.

Es steht noch ein Raum ungenutzt (!), A arbeitet in Zukunft in Raum 1, B in Raum 2. Sie regen an, daß beide sich die Hand reichen! Damit ist der Fall für Sie erledigt; Sie sind stolz auf Ihren Erfolg.

Mit Erstaunen stellen Sie nach wenigen Wochen fest, daß zwischen den beiden immer noch „Sand im Getriebe“ ist. Sie sind ungehalten über die undankbaren Mitarbeiter (Sie natürlich nicht, Sie hätten sich anders verhalten).

Betrachten wir die Situation unter schichtentheoretischen Überlegungen: A und B kannten sich seit Jahren; sie harmonierten in der Geistschicht und in der Gefühlsschicht.

Durch das Rauchen von A entstand eine Dissonanz in der Geist- und in der Gefühlsschicht.

Die Folge: erhöhter Ausschuß.

Der Vorgesetzte schaffte durch seine Analyse der Situation – bildlich gesehen – Ordnung in der Geistschicht. Die Gefühlsschicht ließ er unberücksichtigt. Dort blieb weiterhin „Unordnung“. Ein Wunder, daß es zwischen A und B weiterhin Schwierigkeiten gab?

Nicht A und B hatten die Schuld, sondern der Vorgesetzte, der glaubte, seine Mitarbeiter würden nur aus der Geistschicht leben.

Ein Führungsfehler, eine Fehleinschätzung des „Systems Mensch“!

> Wir sehen, daß der Mensch ein gefühlsbetontes Wesen ist, daß man Probleme nicht allein auf der Geistebene lösen kann, sondern auch auf die Gefühlsebene achten muß.

Welche Bedeutung hat dies für den beruflichen Alltag?

Wir möchten dies an einem Beispiel verdeutlichen:

**Beispiel: Die Pausenregelung**

In einer Verkaufsabteilung liegt die Mittagspause zwischen 13 und 14 Uhr. Viele große Kunden beklagen sich aber immer häufiger, daß die Telefone „in der geschäftsüblichen Zeit“ nicht besetzt sind. Der Vorgesetzte entschließt sich nun für die Verlegung der Mittagspause auf 12–13 Uhr (daß dies arbeitsrechtlich nicht so ohne weiteres möglich wäre, lassen wir hier außer acht).

Bei der Überlegung, wie er seine Entscheidung am einfachsten bekanntgeben kann, entscheidet er sich für ein Rundschreiben. Ein persönliches Gespräch mit jedem Mitarbeiter oder gar eine Abteilungsversammlung erscheint ihm mit zuviel Aufwand verbunden. Also entwirft er eine entsprechende Aktennotiz.

In der Annahme, dieses Problem gelöst zu haben, läßt er die Notiz verteilen. Versetzen Sie sich einmal in die oben geschilderte Lage des Mitarbeiters. Was würde in Ihnen vorgehen, wenn Sie plötzlich eine solche Aktennotiz auf Ihrem Schreibtisch finden würden?

Kaum gelangt sie an die Mitarbeiter, so ist sie auch schon Gesprächsthema Nr. 1. Jeder unterhält sich mit jedem über den Sinn und die Art der Formulierung des Rundschreibens.

Es wird klar, daß der Betriebsleiter mit seinem kurzgefaßten Rundschreiben genau das erreicht hat, was er vermeiden wollte. Die Diskussion der Mitarbeiter untereinander nimmt viel mehr Zeit in Anspruch als die Bekanntgabe in einem Abteilungsgespräch. Dieses Gespräch hätte den Betriebsablauf vielleicht für eine Stunde unterbrochen, die Unterhaltung der Mitarbeiter kann so aber um ein Vielfaches länger dauern.

Der Vorgesetzte versuchte hier, das Problem nur auf der Geistebene zu lösen und ließ die Gefühlsebene außer acht.

## 3.3 Das Instanzenmodell als drittes Modell des „Konstruktionsplans Mensch"

In der Folge möchte ich das auf *Freud* zurückgehende Instanzenmodell darstellen. Hiernach setzt sich die psychische Persönlichkeit aus drei Instanzen zusammen:

Das *personale Über-Ich* oder Ideal-Ich wird geprägt durch unsere Erziehung. Es beinhaltet die Werte und Normen, die wir während unserer Erziehung übernommen haben. Hieraus leiten wir an uns den Anspruch ab,

- wie wir sein sollen,
- wie wir gern sein möchten.

Religiös gesehen ist es unser *Gewissen*, das sich immer dann „meldet", wenn wir gegen unsere Werte und Normen verstoßen.

*Im Es* befinden sich unsere Gefühle und Triebe. Wenn ich z. B. „Lust verspüre", im Wald spazieren zu gehen, so kommt dieses Gefühl aus meinem Es. Alle Motive und Bedürfnisse sind im Es gelagert. Das Es reagiert nach dem „Lustprinzip".

*Das Ich* ist die Persönlichkeit, *die Kontrollinstanz*, die sich zwischen den Wünschen und Bedürfnissen des Es und den Normen des Über-Ichs entscheiden muß. Das Ich trifft die Entscheidung, wie ich handle; es entscheidet nach dem „Realitätsprinzip".

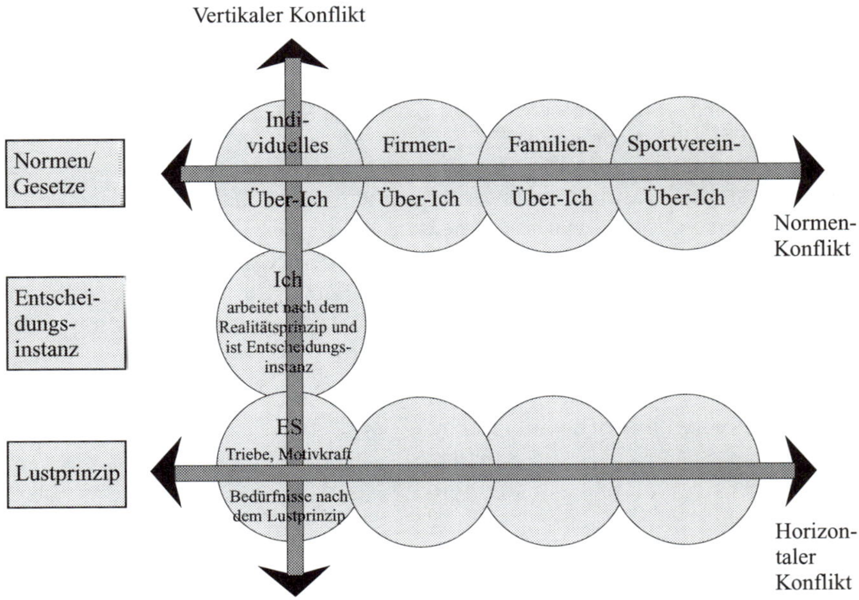


**Abbildung 5**

Folgendes Beispiel verdeutlicht das Zusammenspiel der einzelnen Ich-Bereiche und schildert den Rollenkonflikt, dem die Ich-Instanz ausgesetzt ist:

**Beispiel:**

Ein Seminarteilnehmer sieht das schöne Wetter. Aus dem Es meldet sich der Wunsch: Eigentlich ist das Wetter draußen viel zu schön, um den Nachmittag im tristen Seminarraum zu verbringen. Ich sollte das Seminar ausfallen lassen und spazieren gehen.

Nun meldet sich sein Über-Ich: Halt! Ich kann doch nicht einfach den Nachmittag ausfallen lassen. Hinterher fragt mein Chef nach mir und stellt fest, daß ich nicht anwesend bin. Das geht nicht.

Die Strebungen des Es („Ich würde gerne spazieren gehen") und des Über-Ichs („Ich kann den Nachmittag nicht einfach ausfallen lassen") gehen nun in die „Kontrollinstanz", in das Ich.

Das Ich muß nun eine Entscheidung treffen. Es befindet sich in einem *Rollenkonflikt* zwischen dem Es und dem Über-Ich. Entscheidet das Ich zugunsten des Es, bleibt ein „schlechtes Gewissen"; entscheidet das Ich zugunsten des Über-Ich, bleibt ein Gefühl des „ach, schade" zurück oder das Gefühl des „gezwungenermaßen".

Dieses Beispiel ist typisch für

- die Funktionsweise des Verhaltensmodells und
- für den Rollenkonflikt, dem das Ich häufig ausgesetzt ist.

Klar wird auch, daß ein starkes Ich, also eine starke Persönlichkeit notwendig ist, um diesem Konflikt gewachsen zu sein.

Wir sind auch noch einem weiteren *Rollenkonflikt* ausgesetzt; dieser entsteht durch die sich widersprechenden Normen der verschiedenen Über-Ichs:

**Beispiel:**

Die „Normen der Familie" sagen dem Mitarbeiter, daß er als Vater das Wochenende mit der Familie verbringen sollte, die „Firmennorm" legt ihm nahe, die Auslandsreise schon am Samstag zu beginnen.

So sind wir zwei Konflikten ausgesetzt:

- dem horizontalen Konflikt (Normen- bzw. Lustkonflikt) und
- dem vertikalen Konflikt („was ich möchte" und „was ich muß").

Erstrebenswertes Ziel ist es, integrierte Persönlichkeit zu werden, d. h. weder nur aus den Normen noch nur aus der Lust zu leben.

**Beispiel:**

Eine promovierte Chemikerin, Labor-Gruppenleiterin (d. h. es unterstehen ihr ca. 4 Chemiker als Laborleiter) beklagt, daß sie Führungsschwierigkeiten mit ihren Kollegen hat.

Bei einer testpsychologischen Untersuchung stellte sich heraus, daß es Lustempfinden, Gemütlichkeit, Zuwendung für sie nicht gibt.

Sie negierte das Es. Damit ist die Konfliktursache deutlich: Die Laborleiter „frieren" in ihrer Nähe und suchen so wenig Kontakt wie möglich.

## 3.4 Das Selbstwertgefühl als viertes Modell des „Konstruktionsplans Mensch"

Das Selbstwertgefühl oder Ich-Stärke ist das wichtigste Verhaltensregulativ beim Menschen. Derjenige, der ein hohes Selbstwertgefühl hat, zeigt ein anderes Verhalten als jemand mit einem niedrigen Selbstwertgefühl.

Das Selbstwertgefühl bildet sich im Laufe der Entwicklung.

### 3.4.1 Der Selbstwertblock

Beginnend in der frühesten Kindheit bildet sich im Laufe der Entwicklung ein Selbstwertblock, der durch Erlebnisse während dieser Entwicklungsstufe geprägt wird (vgl. die Hauptbeeinflussungsfaktoren des Selbstwertgefühls, S. 54).

Man kann sich dies als ein Mosaikbild vorstellen, in das die ersten Mosaiksteinchen in den verschiedenen Sozialisationssituationen eingesetzt werden und das schließlich bis zum Ende der Pubertät seinen Abschluß findet. Wenn die Mutter das Kind in den Arm nimmt, es streichelt und liebkost, fühlt sich das Kind angenommen („Wertschätzung anderer").

Dieses positive Erlebnis bleibt als positives Steinchen im Mosaik des Selbstwertblocks haften.

Ein negatives Steinchen würde eingesetzt werden, wenn der Vater nach Hause käme und den gerade fertiggewordenen Lego-Turm unbeachtet ließe, den der Zweijährige stolz zeigt („Wertschätzung anderer", „Übereinstimmung von Ich/Ideal-Ich").

So ergibt die Summe aller Erlebnisse in der frühen Kindheit einen

- positiven oder
- negativen

Selbstwertbock.

Natürlich kann man die Prägung nicht nur numerisch sehen, sondern man muß auch die Atmosphäre bewerten und beurteilen, in der das Kind groß wird.

Erhält das Kind insgesamt

- Wertschätzung, Anerkennung und Zuneigung oder
- mehr Ablehnung, Desinteresse oder kühle Neutralität?

Die oben beschriebene Prägung des Selbstwertblocks im Laufe der Kindheit und der Jugend ist auch für den Erwachsenen von großer Bedeutung. Dies heißt aber nicht, daß der Erwachsene seinem Selbstwertblock ausgeliefert wäre.

Das Selbstwertgefühl ist durch die sog. *aktuelle Gestimmtheit* später im Erwachsenenalter sehr wohl zu beeinflussen.

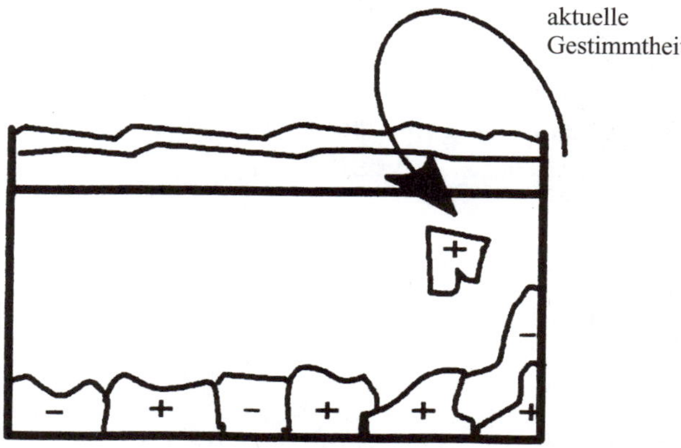


**Abbildung 6**

**Beispiel:**

Vor einem Streitgespräch hat der Erwachsene ein anderes Selbstwertgefühl als hinterher; vor einem Verkehrsunfall anders als nachher; vor einer fristlosen Entlassung anders als nach einigen Jahren Arbeitslosigkeit.

Diese aktuelle Gestimmtheit und Beeinflussung des Selbstwertgefühls hat aber nicht *den* prägenden Charakter wie der Selbstwertblock, von dem vorhin berichtet wurde.

Erst wenn diese aktuellen Beeinflussungen häufig und immer wiederkehren, ist es möglich,

- daß sie die Grundtendenz des Selbstwertblocks beeinflussen,
- daß gleichsam die positiven oder negativen Gestimmtheiten des aktuellen Selbstwertgefühls in den Selbstwertblock „hineintropfen“

und ihn dann letztlich beeinflussen.

So kann man sich durchaus vorstellen, daß wir von einem Menschen sagen, „wir können ihn nicht mehr wiedererkennen. Wie war er früher so selbstbewußt, aber nach den Jahren der Arbeitslosigkeit und des Mißerfolges ist er nur noch ein Schatten seines eigenen Selbstwertes.“ Der Selbstwertblock hat sich dann geändert.

> Es ist das zentrale Anliegen eines Menschen, dieses Selbstwertgefühl zu stärken. So ist alles, was wir tun oder unterlassen, auf das Selbstwertgefühl ausgerichtet.

Hierzu ist die „Mithilfe" der Umwelt nötig. Der Mensch braucht

- die Bestätigung der Umwelt,
- die wohlwollende Kommunikation,
- die Zuwendung der anderen,

um seine Persönlichkeitsstruktur zu wahren bzw. seine Persönlichkeitsstruktur bilden zu können.

Welche Umwelteinflüsse verändern aber das Selbstwertgefühl? Welche Voraussetzungen sind nötig, damit sich ein starkes Selbstwertgefühl entwickeln kann?

Betrachten wir die Hauptbeeinflussungsfaktoren, die im Laufe der Entwicklung das Selbstwertgefühl prägen:

### 3.4.2 Die 7 Hauptbeeinflussungsfaktoren des Selbstwertgefühls

Entsprechend dem Modell ist das Selbstwertgefühl die Batterie, und die 7 Hauptbeeinflussungsfaktoren sind die Aufladeaggregate.

*Zu 1.* Wer legt fest, *„wie ich sein soll"*?

| | |
|---|---|
| zunächst: | – die Eltern, |
| dann | – der private Partner, |
| | – der betriebliche Partner, |
| | – wie *ich* sein möchte. |

Zwischen Ich und Ideal-Ich, zwischen dem „Wie-ich-bin" und dem „Wie-ich-sein-soll", muß Übereinstimmung herrschen. Besteht hier eine Diskrepanz, leidet das Selbstwertgefühl. Hat das Kind aufgrund seiner Erziehung z. B. den dynamischen, tatkräftigen Vater als Ideal-Ich und kann diesem Vorbild aufgrund seiner eigenen (anderen) Veranlagung aber nicht gerecht werden, wird ein geringeres Selbstwertgefühl die Folge sein.

Was für den privaten Bereich gilt, gilt im übertragenen Sinne auch für den beruflichen.

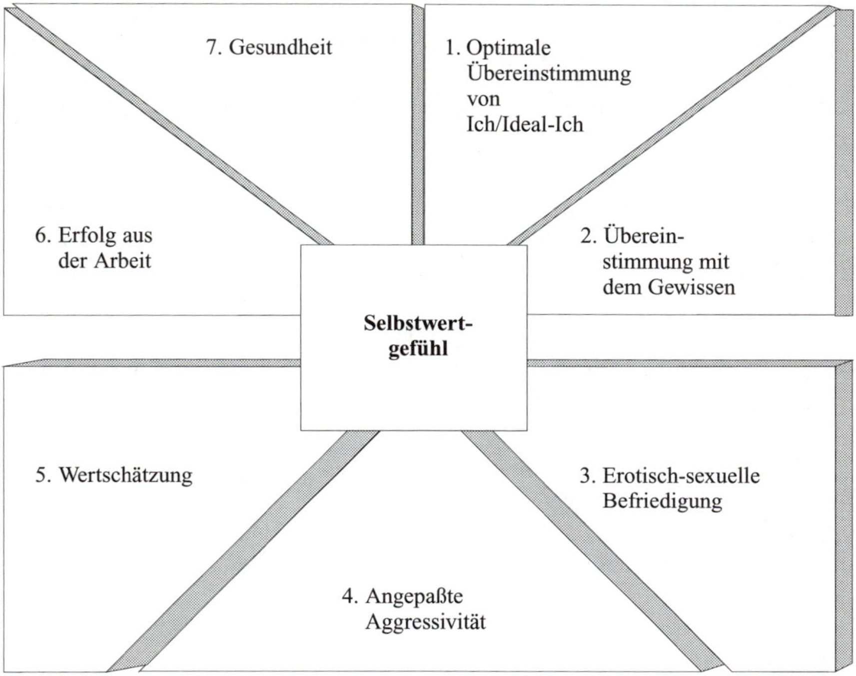


**Abbildung 7**

*Zu 2.* Ähnlich wie beim Ideal-Ich prägt sich auch im Laufe der Entwicklung das Gewissen (Über-Ich), die moralische Richtschnur eines jeden einzelnen.

Die Handlungsweisen, die wir an den Tag legen, müssen mit den Geboten und Normen, die wir während unserer Erziehung verinnerlicht haben, vereinbar sein. Auch hier kommt es, ähnlich wie in Punkt 1, auf die Übereinstimmung zwischen dem „Wie verhalte ich mich" und dem „Wie sollte ich mich verhalten" an.

*Zu 3.* Die seelischen und körperlichen Liebesbeziehungen zwischen zwei Menschen müssen befriedigt werden; erst dann ist das Selbstwertgefühl ausgeglichen und stabil. Das Selbstwertgefühl wird negativ beeinflußt, wenn der Partner seine Unzufriedenheit anführt und eine Schuldzuweisung macht.

*Zu 4.* Der Mensch muß lernen, mit seiner Energie zu leben. Die Menschen aber sind verschieden aggressiv, sie können verschieden gut mit ihrem Energiepotential leben. So würde z. B. der mit Aggressionen ausgestattete Lehrer hierunter eher leiden, der ebenso veranlagte Verkäufer könnte aber die Aggression einbinden; sie würde ihm helfen, vom Beratungsgespräch zum Abschlußgespräch zu kommen. Er hätte hierdurch den „Biß", den „drive", den der Verkäufer benötigt.

*Zu 5.* Der Mensch möchte, daß ihm sein Wert von seiner Umwelt bestätigt wird. Er möchte als Mensch geschätzt werden und nicht nur in seiner Funktion als Arbeiter gesehen werden.

*Zu 6.* Wir benötigen Erfolge. Für uns ist es wichtig, daß wir für das, was wir im privaten und beruflichen Bereich leisten, eine Bestätigung durch unsere Vorgesetzten, Mitarbeiter oder Freunde bekommen.

*Zu 7.* Auch die Gesundheit spielt eine wichtige Rolle für unser Selbstwertgefühl. Oft ist dies auffälliger im negativen als im positiven Bereich. So sind wir nach einem Herzinfarkt versucht zu sagen: „Nicht einmal das kann ich mehr" mit entsprechenden negativen Auswirkungen auf das Selbstwertgefühl.

Die oben dargestellten Hauptbeeinflussungsfaktoren müssen nicht

- automatisch und
- unmittelbar auf das Selbstwertgefühl einwirken.

Es ist möglich, daß Erfolge aus der Arbeit das Selbstwertgefühl nur dann positiv beeinflussen, wenn der Betroffene den Erfolg als „selbst verursacht" erlebt, wenn er ihn in seiner Fähigkeit oder Tüchtigkeit begründet sieht.

Glaubt er statt dessen, er habe den Erfolg und die Anerkennung einem „glücklichen Zufall" zu verdanken, so muß der gleiche Erfolg sich nicht positiv auf sein Selbstwertgefühl auswirken.

Allgemein können wir feststellen, daß

- nicht das „objektive Ereignis" (Erfolg bzw. Mißerfolg) das Selbstwertgefühl beeinflußt, sondern
- die oben dargestellten „Interpretationen der Zusammenhänge".

Mit anderen Worten: Der objektiv gleiche „Erfolg aus der Arbeit" kann bei Person A zu einer Stärkung des Selbstwertgefühls führen („ich habe durch meine Tüchtigkeit Erfolg gehabt"), während bei Person B das Selbstwertgefühl unbeeinflußt bleibt („ich habe Glück gehabt").

Wir wissen heute, daß es Unterschiede im Hinblick auf die „Interpretation" von Erfolgs- und Mißerfolgserlebnissen gibt. Diese Unterschiede hängen von der jeweiligen Persönlichkeitsstruktur ab. Da die Erfolgs- und Mißerfolgserlebnisse indessen in hohem Umfang von Lernerfahrungen abhängen, sind diese auch durch neue Erfahrungen veränderbar; d. h. derjenige, der Erfolg aufgrund von Leistungen als „Zufall" interpretiert und damit das Selbstwertgefühl nicht stärkt, kann durchaus durch entsprechende Beratung dazu kommen, daß er seinen Beitrag zum Erfolg objektiv sieht und damit den Erfolg zu entsprechender Selbstwertstärkung ausnützt.

Wie erkennen wir, ob ein Mitarbeiter, Vorgesetzter oder wir selbst ein unterentwickeltes Selbstwertgefühl haben?

Es kann sich in *folgenden 5 Verhaltensweisen* äußern:

1. In einer übermäßigen Abhängigkeit von der Umwelt (Ja-Sager); ohne eigene Meinung und ohne Initiative.
2. In einem *übersteigerten Sicherheitsbedürfnis.*
3. In einem fast *zwanghaften Bedürfnis nach sexueller Befriedigung.*
4. In einem *übersteigerten Geltungsbedürfnis.*
5. In einer geradezu *krankhaften Jagd nach Erfolg.*

## 3.5 Bewußtsein/Unbewußtsein als fünftes Modell des „Konstruktionsplans Mensch"

*Bewußt* ist das, was wir abrufbereit im Gedächtnis oder gerade „im Sinn" haben. (Frage: Welcher Wochentag ist heute? Der Wochentag X ist jetzt in unserem Bewußtsein, und wir können ihn nennen.)

Im *Unbewußtsein* speichern wir das Erlebte: alle Erlebnisse, von frühester Kindheit bis heute.

Zu diesen Erlebnissen haben wir aber in der Regel keinen Zugriff mehr, wir können uns an sie nicht mehr erinnern, obwohl wir sie gespeichert haben.

Das Unbewußte ist, bildhaft gesehen, eine Grammophonplatte, in die alles eingeritzt wurde, was wir erlebten; wir haben aber – um beim Bild zu bleiben – die Abspielnadel verloren. Niemand kann Antwort geben auf die Frage: „Was geht im Augenblick in meinem Unbewußten vor?" – Wir spüren nicht einmal, daß wir ein Unbewußtes haben.

Die unbewußten Inhalte sind aber nicht einfach abgelagert, sondern beeinflussen unser Verhalten, ohne daß wir es merken.

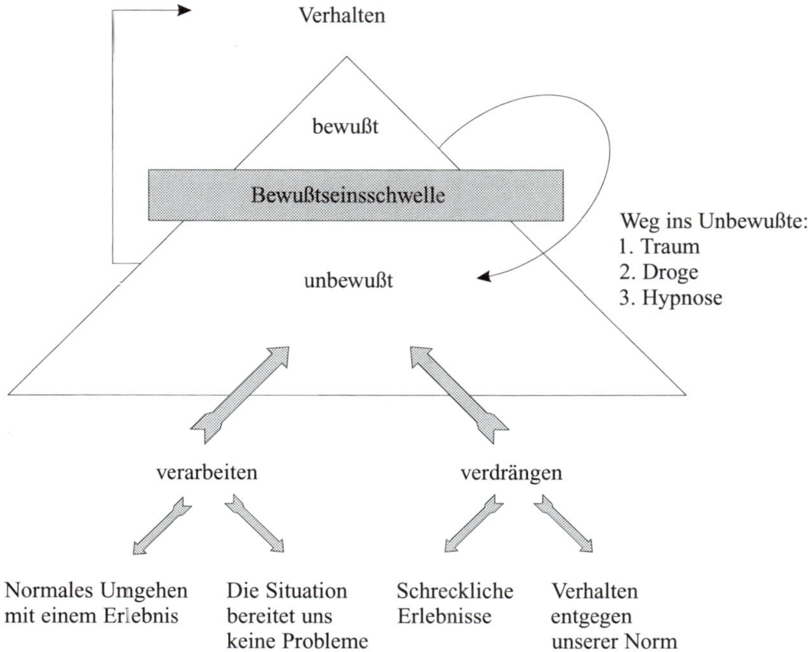


**Abbildung 8**

Was hindert aber das Unbewußte, „bewußt" zu werden?

Zwischen „Bewußtsein" und „Unbewußtem" liegt die *„Bewußtseinsschwelle"*. Sie ist gleichzusetzen mit dem „Verstand", der als „Zensor" verhindert, daß die unbewußten Strebungen uns bewußt werden.

Welche Bedeutung hat das Wissen um das Unbewußte für die Praxis?

Das eigene Verhalten und das der Mitarbeiter und Vorgesetzten wird stark durch das Unbewußte beeinflußt. Nur wenn wir um die Bedeutung des Unbewußten wissen, können wir bestimmte Verhaltensweisen verstehen.

*Wie behandeln wir Probleme – oder das Verarbeiten bzw. Verdrängen von Erlebnissen?*

Während des Tages erleben wir eine Vielzahl von Geschehnissen. Diese Erlebnisse werden von uns

1. verarbeitet, d. h. sublimiert,
2. nicht verarbeitet, d. h. verdrängt.

*Zu 1.* Dies ist bei den meisten Erlebnissen der Fall. Was wir während des Tages nicht verarbeiten, bewältigen wir im Traum.

*Zu 2.* Manche Erlebnisse aber, solche, die uns unangenehm sind, derer wir uns schämen oder die uns wegen ihrer Schrecklichkeit belasten, werden nicht verarbeitet, wir wollen sie möglichst schnell vergessen, sie werden deshalb ins Unbewußte verdrängt.

Was geschieht aber mit diesen verdrängten Erlebnissen? Sind sie verloren oder nur abgeschoben, so daß sie uns bewußt nicht mehr belasten?

Allgemein kann man sagen, daß das Ziel dieser unbewußt ablaufenden, d. h. nicht bewußt gesteuerten Verdrängungsmechanismen, erreicht wird:

- Der Organismus kann nach der Verdrängung „in Ruhe“ weiterleben, er hat das Erlebnis ja „vergessen“.

Die Erfahrung zeigt aber, daß sich das Verdrängte oft einen Ausweg sucht; es kann wiederkommen als

- Verhaltensstörung,
- generalisierte Angst,
- spezielle, zielgerichtete Angst (Phobie),
- Stottern,
- Nägelkauen,
- Lähmungen
- etc.

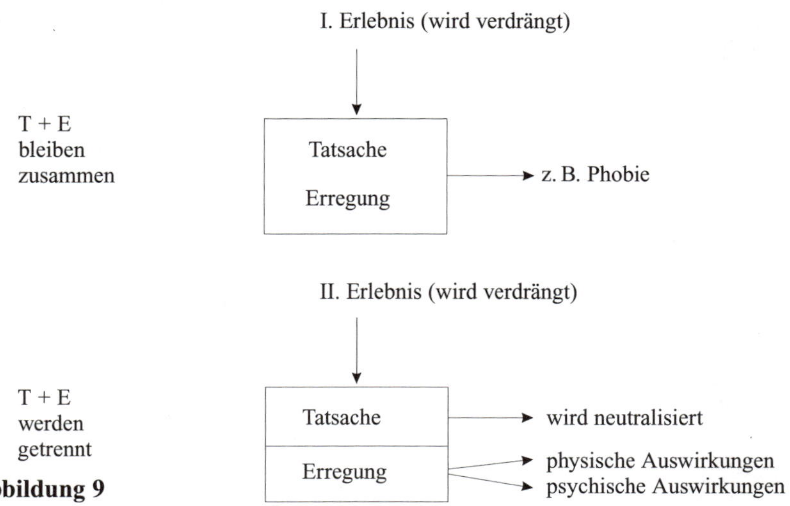


**Abbildung 9**

Zum Verständnis der aufgeworfenen Fragen und zu ihrer Beantwortung sind einige theoretische Erläuterungen nötig:

Jedes verdrängte Erlebnis besteht aus einer Tatsache und einer Erregung. Nun kann es sein, daß beide, Tatsache und Erregung, zusammenbleiben und beide vom Unbewußten her unser Verhalten beeinflussen. Dies wäre z. B. bei einer Phobie der Fall (extreme Furcht vor Objekten oder Situationen).

Es kann aber auch sein, daß Tatsache und Erregung sich trennen. Die Tatsache wird neutralisiert, die Erregung „sucht" sich einen

- physischen oder
- psychischen „Partner".

Einige Beispiel mögen das o. g. erläutern:

**Beispiel: Der Umschüler**

Ein 46jähriger Anstreicher wurde zum Industriekaufmann umgeschult. Nach einigen Monaten wurden seine schulischen Leistungen von den Lehrkräften mit 5 bzw. 6 bewertet.

Eine testpsychologische Untersuchung ergab, daß auf Grund der Intelligenz ein Notenbild zwischen 2 und 3 zu erwarten wäre. Der Umschüler arbeitete viel für die kaufmännischen Fächer. Bei weiteren Untersuchungen stellte sich heraus, daß es sich bei ihm wohl um die Verdrängung von Erlebnissen handelte, die er nach dem Kriege hatte. Er war sehr sensibel und für 9 Monate in der DDR in Untersuchungshaft. Diese Erlebnisse hatte er verdrängt und nicht verarbeitet. Das mündliche Abhören während seiner Umschulungszeit setzte er unbewußt mit dem mündlichen Verhör gleich, Klassenarbeiten mit dem schriftlichen Verhör. Beide Situationen waren auch von den entsprechenden Körperreaktionen begleitet: Schweißausbruch, Stimmversagen, Zittern und Denkblockade. Nach einer entsprechenden tiefenpsychologischen Behandlung, in der die damaligen Erlebnisse unter Hypnose verarbeitet wurden, verbesserte sich zusehends seine Situation; er legte am Ende seiner Umschulung die Kaufmannsgehilfenprüfung mit der Note 2 bzw. 3 ab.

**Beispiel: Pferd und Frau**

Bei einer Beratung erklärte eine alte Dame, daß sie seit vielen Jahren größere Angst vor Pferden habe. Dies gehe so weit, daß sie auch heute noch, wenn ihr ein Pferd begegne, eiligst davongehe oder Schutz in einem Hausflur suche. Dies sei um so erstaunlicher, als sie die Tochter eines Schmiedes sei. Während einer anderen Beratungsstunde erklärte sie, daß sie als kleines Kind einmal mit angesehen habe, wie in ihrem großen Schmiedehof ein Pferd durchgegangen sei und einen Gesellen so traktierte, daß dieser ins Krankenhaus eingeliefert werden mußte.

Die letzte Bemerkung deutet darauf hin, daß es sich um eine Phobie handelt, d. h. um eine überaus große Angst vor einem Pferd. Da diese Dame einer allgemeinen Ängstlichkeit wegen behandelt werden sollte, ist anzunehmen, daß die Angst generalisiert wurde, so daß sie nicht nur vor Pferden Angst hatte, sondern auch Angst in vielen Situationen.

**Beispiel: Mädchen und Marokkaner**

Die Situation: Das Mädchen, 10 Jahre alt, besuchte das Gymnasium, lebte 1945 als ältestes von vier Geschwistern mit ihren Eltern in einem Haus am Dorfrand, 500 m entfernt von den letzten Häusern. Die Familie hatte Einquartierung von einem farbigen Soldaten, einem Marokkaner, der im Hause untergebracht war, allerdings außerhalb der eigenen Wohnung.

An einem Nachmittag bedrohte der Marokkaner den Vater mit einem Messer, es kam zu einem Kampf, in dessen Verlauf der Vater dem Soldaten das Messer entreißen konnte. Der Marokkaner ging wutentbrannt davon und drohte, er werde sich dafür noch rächen.

Gegen Mitternacht kehrte er zurück und versuchte, die Wohnungstür einzuschlagen, um sich Zugang zur Wohnung zu verschaffen. Der Vater ließ das Mädchen durch eine Hintertür aus dem Haus; es sollte in die nächsten Häuser gehen, um Hilfe zu holen. Es kehrte nach kurzer Zeit allein wieder über die Felder zurück, da die Nachbarn sich weigerten mitzukommen. Der Marokkaner war zu betrunken, er ermüdete dann in seinem Bemühen, in die Wohnung einzudringen; es passierte nichts.

Am nächsten Tag fuhr das Mädchen nachmittags mit dem Fahrrad zur Schule in die nahegelegene Kreisstadt. Auf einer Allee sah es schon von weitem den Marokkaner zu Fuß von der Stadt ins Dorf gehen. Es überlegte sich, ob es fliehen sollte, schätzte aber seine Möglichkeit zu entkommen zu gering ein und fuhr weiter. Es konnte unbehelligt an dem Marokkaner vorbeifahren, er tat ihm nichts.

Diese drei Erlebnisse, Kampf um das Messer, vergeblicher Versuch, in der Nacht Hilfe zu holen, und Begegnung auf der Allee waren für dieses Kind psychisch nicht verkraftbar. Es verdrängte die Erlebnisse.

Als erstes stellte sich nach einiger Zeit eine körperliche Reaktion der Verdrängung ein. Sie erkrankte an Hepatitis (Leberentzündung). Als diese geheilt war, stellte sich nach Jahren – sie hatte inzwischen studiert und war glücklich verheiratet – bei einer psychologischen Beratung heraus, daß sie, wohl als Folge der Verdrängung, eine generalisierte Angst hatte. Sie hatte relativ unbegründet eine unerklärliche Angst davor, daß den Kindern etwas passierte, daß der Mann bei einem Verkehrsunfall ums Leben komme oder dergleichen. Fast jede Nacht wachte diese Frau, geplagt durch Alpträume, schweißgebadet auf.

Zum Verständnis des „Systems Mensch" sind noch weitere Informationen nötig.

## 3.6 Die Transaktionsanalyse als sechstes Modell des „Konstruktionsplans Mensch“

Die Transaktionsanalyse (TA) ist in erster Linie ein Modell, mit Hilfe dessen man Konfliktsituationen in Gesprächen lösen bzw. von vornherein vermeiden kann. Sie geht auf *E. Berne* zurück und ist dadurch entstanden, daß das Verhalten des Menschen beobachtet und „katalogisiert“ wurde. Hierbei stellte sich heraus, daß sich das Verhalten des Menschen eigentlich nur auf 3 Ebenen (Ich-Bereichen) abspielt, nämlich dem

- Eltern-Ich,
- Erwachsenen-Ich,
- Kindheits-Ich.

### 3.6.1 Die Ich-Bereiche

Die Transaktionsanalyse spricht von bestimmten Ich-Bereichen der Persönlichkeit, die

- unser Verhalten und damit
- auch unser Verhalten in Gesprächen bestimmen.

Diese Ich-Bereiche sind:

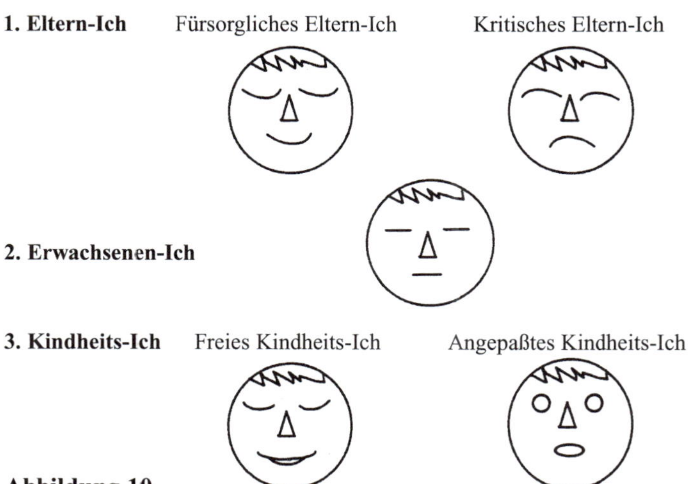


**Abbildung 10**

*1. Das Eltern-Ich*

Reagieren wir in Gesprächen aus unserem fürsorglichen Eltern-Ich, dann

- *unterstützen* wir:
  „Halb so schlimm, das bekommen wir schon wieder hin."

Reagieren wir aus dem kritischen Eltern-Ich, dann

- *kritisieren* wir:
  „Termine sind da, um eingehalten zu werden."
  „Dein Zimmer ist immer noch nicht aufgeräumt."

> *Kurz:* Wir handeln nach Werten und Normen, die wir von unseren Eltern im Laufe unserer Erziehung übernommen und verinnerlicht haben. Wir reagieren entweder
>
> - fürsorglich (= *fürsorgliches Eltern-Ich)* oder
> - kritisch (= *kritisches Eltern-Ich).*

*2. Das Erwachsenen-Ich*

Reagieren wir in Gesprächen aus unserem Erwachsenen-Ich, so

- treffen wir *sachliche Aussagen:* „Es ist gerade 5 Uhr";
- *schätzen wir Wahrscheinlichkeiten ab:* „Den Termin können wir nur halten, wenn XY rechtzeitig kommt";
- *erfragen wir Tatsachen:* „Wann müssen wir Herrn Müller vom Flughafen abholen?"

> *Kurz:* Treffen wir sachliche Aussagen oder erfragen wir Fakten, dann kommen diese Aussagen aus dem *Erwachsenen-Ich.*

*3. Das Kindheits-Ich;*

Reagieren wir in Gesprächen aus unserem Kindheits-Ich, so

- kommen *spontane Aussagen:* „Ganz toll, wie Sie die Sache hinbekommen haben!" – *freies Kindheits-Ich;*
- *passen wir uns Situationen an:* „Sie haben recht, da habe ich einen Fehler gemacht"; „Entschuldigung, es kommt nicht wieder vor!" – *angepaßtes Kindheits-Ich.*

Reagieren wir ungezwungen und geben unseren Gefühlen freien Lauf, oder passen wir unser Verhalten bestimmten Normen an, so reagieren wir aus unserem

- *freien Kindheits-Ich* oder aus dem
- *angepaßten Kindheits-Ich.*

Um die einzelnen Ich-Bereiche zu verdeutlichen, zeigt folgende Tabelle nochmals typische

- Verhaltensweisen und
- Aussagen

der Ich-Bereiche:

| Ich-Ebenen | Verhalten | Aussagen |
|---|---|---|
| Fürsorgliches Eltern-Ich | tröstet, berichtigt, hilft | Das schaffen wir schon, hab keine Angst. Wenn wir alle zusammen helfen, reicht es. |
| Kritisches Eltern-Ich | hebt den Zeigefinger, kritisiert, befiehlt | Kommen Sie schon wieder zu spät? Man hat doch immer seinen Terminplan dabei! |
| Erwachsenen-Ich | sammelt und gibt Informationen, schätzt Wahrscheinlichkeiten ein, trifft Entscheidungen | Wieviel Uhr ist es? Wer könnte den Brief noch haben? Mit Hilfe der Netzplantechnik werden wir das Problem lösen! |
| Freies Kindheits-Ich | spontan, impulsiv, rebellisch, aggressiv, schlau, listig, egozentrisch | Ich habe diesen blöden Vorgang nun zum dritten Mal auf dem Schreibtisch! Ganz prima, wie Sie das gemacht haben. |
| Angepaßtes Kindheits-Ich | hilflos, hat Angst, paßt sich Normen an, gibt nach | Ich möchte gerne, aber vielleicht bekommen wir Ärger, wenn wir jetzt gehen. Das darf man nicht! |

Übereinstimmend mit den typischen Verhalten und Aussagen der einzelnen Ich-Ebenen können die *nonverbalen* Verhaltensweisen sein:

- Tonfall/Sprechweise,
- Gesichtsausdruck,
- Gesten/Körperhaltung.

Folgende Tabelle soll dies verdeutlichen[8]:

| Ich-Ebenen | Tonfall Sprechweise | Gesichtaus-druck | Gesten/ Körperhaltung |
|---|---|---|---|
| Fürsorgliches Eltern-Ich | warm, beruhigend, mitfühlend | aufmunternd, zufrieden, ängstlich-fürsorglich | Hand auf die Schulter legen |
| Kritisches Eltern-Ich | laut oder leise, hart, überheb-lich, klar, scharf, zynisch, sarkastisch | gefurchte Stirn, kritische Blicke, hochgezogene Augenbrauen | erhobener Zeige-finger, Arme in die Hüfte, Arme vor der Brust ver-schränkt |
| Erwachsenen-Ich | selbstbewußt, sachlich, neu-tral, ruhig, klar und deutlich | Gesicht dem Partner zuge-wandt, offen und direkt, Blickkontakt, abwägend, auf-merksam | angemessene Gestik, aufrechte Haltung, Wechsel der Körperhal-tung |
| Freies Kind-heits-Ich | meist laut, hoch, übersprudelnd, sich überschla-gend, traurig | zeigt Begeiste-rung, Erregung, offener Mund, verschmitzt, pfiffig, neugie-rig | angespannter oder entspannter Kör-per, verspielt, lok-ker, aufgeregt, händereibend |
| Angepaßtes Kindheits-Ich | leise, unsicher, stockend, brav, niedergeschla-gen, klagend, nörgelnd | Blick nach un-ten, zustim-mend, nervös, rücksichtsvoll | hängende Schul-ter, gesenkter Kopf, Achselzuk-ken, verkrampft, freundlich |

8 In Anlehnung an *Rainer Schmidt*, Richtig miteinander reden, Landsberg am Lech 1987, S. 27.

**Hierzu ein Fall aus der Praxis**[9]:

„Mitarbeiter A erscheint in einem angeschlagenen Zustand bei der Arbeit."

*Betriebliche Situation*

Am Morgen eines Tages, an dem der Mitarbeiter A eine wichtige Terminarbeit fertigstellen soll, erscheint dieser in einem angeschlagenen Zustand im Büro. Er ist übermüdet, er sieht nicht gut aus, und sein Vorgesetzter vermutet, daß A in der vergangenen Nacht „versumpft" ist.

Wie kann sich die Führungskraft verhalten, wie kann sie reagieren?

*Fünf Varianten des Verhaltens/der Reaktion sind möglich:*

**Verhalten/Reaktion 1**

| | |
|---|---|
| kritisches Eltern-Ich: | „Was denken Sie sich denn dabei, wenn Sie in diesem unmöglichen Zustand gerade heute hier erscheinen?" |

*Analyse der Situation*

Hier macht der Vorgesetzte dem Mitarbeiter einen Vorwurf. Er verhält sich *kritisch-bestrafend.* Dahinter kann unausgesprochen die Norm stehen: „Zur Arbeit erscheint man ausgeschlafen und nüchtern."

Diese Reaktion ist sicherlich nicht falsch, führt aber in dieser Situation nicht weiter. Denn diese Zurechtweisung hat voraussichtlich nicht zur Folge, daß es dem Mitarbeiter plötzlich besser geht.

> Der Vorgesetzte spricht aus dem *kritischen Eltern-Ich* im Mitarbeiter das *angepaßte Kindheits-Ich* an.

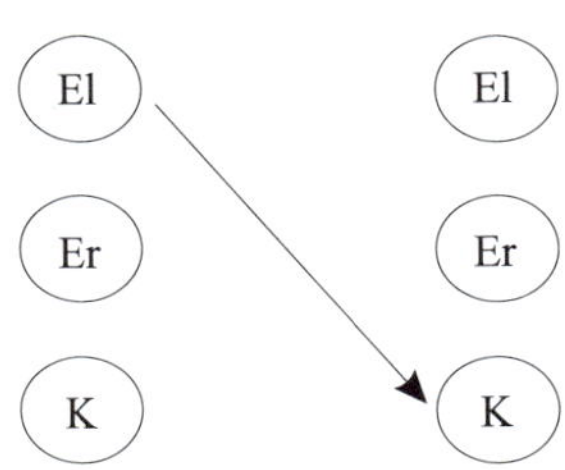


9 *Rolf Rüttinger*, Transaktionsanalyse, Heidelberg 1996, Arbeitsheft zur Führungspsychologie, Band 10.

**Verhalten/Reaktion 2**

| | |
|---|---|
| Fürsorgliches Eltern-Ich: | „Das kann jedem einmal passieren. Möchten Sie eine Tasse Kaffee?“ |

*Analyse der Situation*

Der Vorgesetzte zeigt *Verständnis* und versucht, dem Mitarbeiter zu *helfen*, er verhält sich *mitfühlend*. Seine Überlegung kann sein: „Was nützt es jetzt, wenn ich den Mitarbeiter rüge? Daß sein Verhalten nicht in Ordnung ist, weiß er selbst – und ich weiß aus eigener Erfahrung, wie man sich an einem derartigen Morgen fühlt.“

Der Vorgesetzte gibt durch sein *fürsorgliches Verhalten* dem Mitarbeiter wieder Sicherheit. Gleichzeitig wird praktisch etwas unternommen, damit es ihm besser geht.

> Der Vorgesetzte spricht vom *fürsorglichen Eltern-Ich* im Mitarbeiter das *Kindheits-Ich* an.

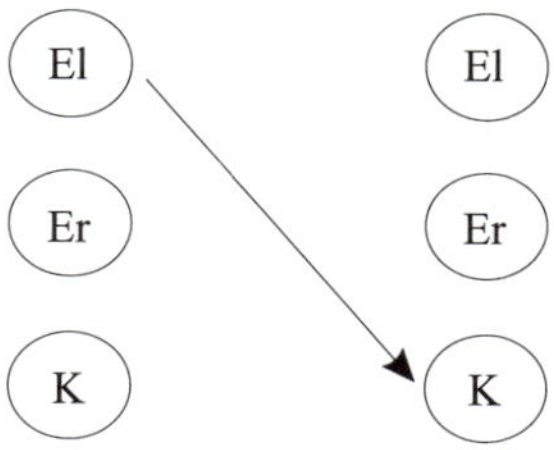


**Verhalten/Reaktion 3**

| | |
|---|---|
| Erwachsenen-Ich: | „In bester Verfassung sind Sie nicht. Glauben Sie, daß Sie die Terminarbeit schaffen werden?“ |

*Analyse der Situation*

Der Vorgesetzte reagiert *unvoreingenommen, emotionslos, wertfrei*. Durch die Frage nach der Terminarbeit erfährt er, wie Mitarbeiter A die Situation sieht. Möglicherweise bekommt er eine wichtige Information, z. B. die, daß der Mitarbeiter vorgearbeitet hat und es daher mit dem Termin keine Schwierigkeiten geben wird.

Der Vorgesetzte setzt sich *realistisch* mit der gegebenen Situation auseinander. Der Mitarbeiter wird weder kritisiert – was im Augenblick nichts nützen würde – noch wird er aus der Verantwortung für die Terminarbeit entlassen. Der Vorgesetzte *sammelt Informationen*, um zu entscheiden, was in dieser Situation zu tun ist.

> Der Vorgesetzte spricht aus dem *Erwachsenen-Ich* auch im Mitarbeiter das *Erwachsenen-Ich* an.

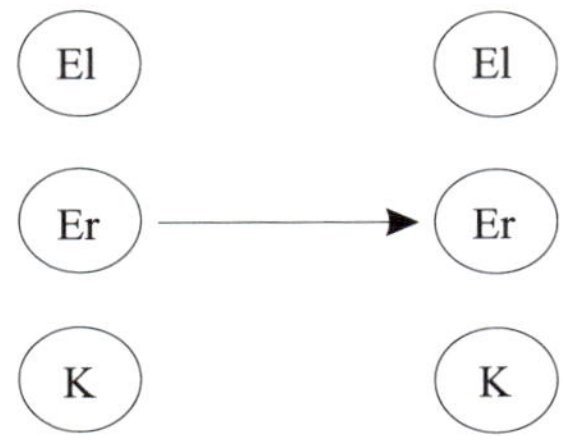


**Verhalten/Reaktion 4**

Freies Kindheits-Ich: „Gestern Nacht muß es ja hoch hergegangen sein. Haben Sie ein paar neue Witze gehört?“

*Analyse der Situation*

Der Vorgesetzte reagiert ausgesprochen *kameradschaftlich* und *menschlich*. Er faßt die Lage mit Humor auf; seine Fragen nach den neuen Witzen zeigt, daß auch er von dem Spaß etwas haben will, den der Mitarbeiter vermutlich hatte. Das Verhalten ist weniger das eines Vorgesetzten, sondern mehr das eines Kollegen.

Der Mitarbeiter wird darauf wahrscheinlich erleichtert reagieren. Die menschliche Beziehung zwischen ihm und seinem Chef stimmt nach wie vor, was eine gute Voraussetzung dafür ist, anschließend über die Terminarbeit zu sprechen.

> Der Vorgesetzte spricht aus dem *freien Kindheits-Ich* bei dem Mitarbeiter das *freie Kindheits-Ich* an.

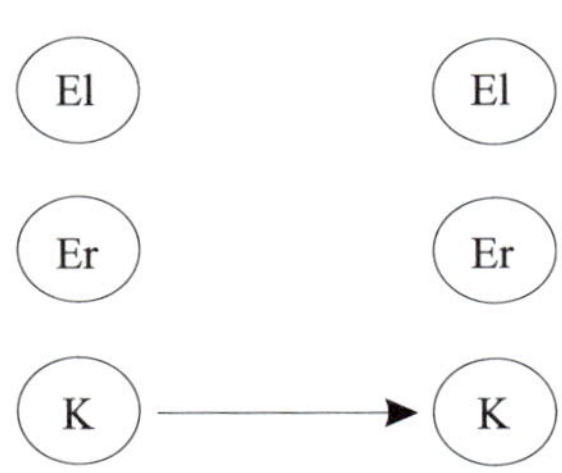

**Verhalten/Reaktion 5**

| | |
|---|---|
| Kritisches Eltern-Ich: | Der Vorgesetzte sagt gar nichts. |

*Analyse der Situation*

Das Schweigen des Vorgesetzten kann unterschiedliche Gründe haben:

- Möglicherweise denkt er sich, daß es jetzt doch keinen Sinn hat, mit dem Mitarbeiter zu reden. Er geht einer eventuellen Auseinandersetzung aus dem Wege; er rechnet vielleicht schon damit, daß er für den Mitarbeiter „mal wieder“ die Terminarbeit erledigen muß.
- Schweigen kann bedrohlich wirken: „Wer trinken kann, der kann auch arbeiten. Den Mitarbeiter lasse ich jetzt erst einmal zappeln und wehe, er wird mit dieser Arbeit nicht rechtzeitig fertig!“

Hilflosigkeit und verdeckte Aggression stellen keine realistische Auseinandersetzung mit der Situation dar; der Vorgesetzte bleibt passiv. Der Mitarbeiter wird verunsichert; er weiß nicht, woran er ist.

> Der Vorgesetzte spricht mit dem *kritischen Eltern-Ich* nonverbal das *angepaßte Kindheits-Ich* an.

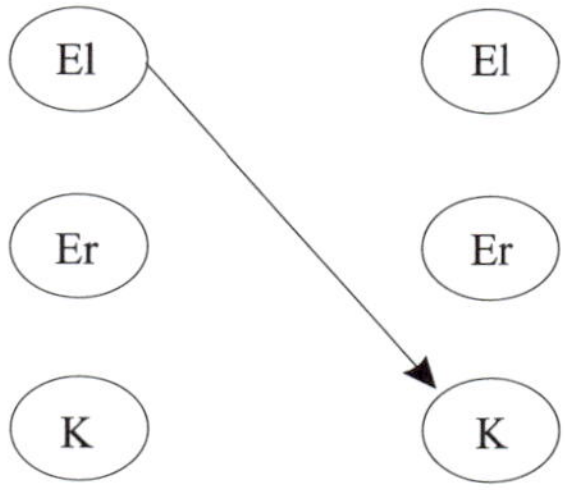


### 3.6.2 Transaktionsformen[10]

Wie kann man nun mit Hilfe des Erklärungsmodells der *Transaktionsanalyse* Transaktionen analysieren?

10 In Anlehnung an *R. Schmidt*, a. a. O., S. 57.

Man unterscheidet drei Transaktionsformen, je nachdem, ob der Gesprächspartner aus dem angesprochenen Ich-Zustand reagiert oder nicht:

1. Parallel-Transaktion
2. Überkreuz-Transaktion
3. Verdeckte Transaktion

Durch ein Erkennen des Ich-Zustandes meines Gesprächspartners kann ich richtig reagieren, indem ich es durch meine Aussage zu einer *Parallel-Transaktion* kommen lasse und eine *Überkreuz-Transaktion* vermeide.

### *3.6.2.1 Beispiele für parallele Transaktionen*

**Beispiel 1:**

Bei den nachfolgenden Transaktionen erfolgt der Austausch zwischen Sender und Empfänger aus dem *Erwachsenen-Ich.*

Zwei Kollegen:

A fragt B: „Fährst du heute abend mit nach Hause?"

B antwortet: „Ja, ich komme mit."

Zwei Studenten:

A: „Wieviel Teilnehmer hat das Seminar?"

B: „Es sind 20 Teilnehmer."

> A spricht aus dem *Erwachsenen-Ich* ebenfalls das *Erwachsenen-Ich* an.
>
> B antwortet auch aus dem *Erwachsenen-Ich.*

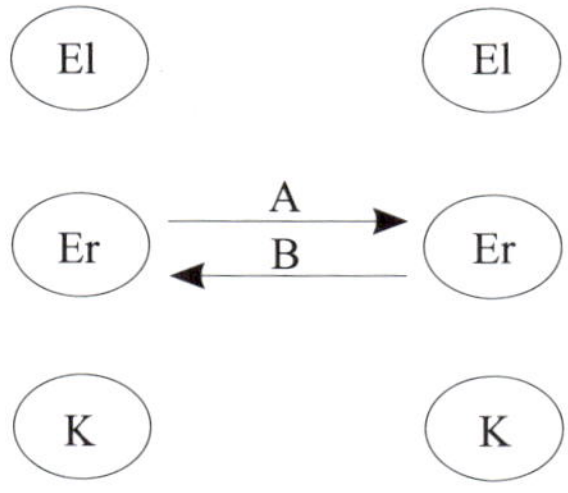


Die Transaktionslinien verlaufen parallel, es handelt sich um eine *Paralleltransaktion*.

**Beispiel 2:**

Bei den nachfolgenden Transaktionen erfolgt der Austausch zwischen Sender und Empfänger aus dem *kritischen Eltern-Ich.*

Zwei Kollegen:

A: „Die Leute haben heute viel zu hohe Ansprüche!"

B: „Ja, aber selbst leisten sie nichts."

Zwei ältere Meister:

A: „Die Jugend von heute hat wirklich keine Lust mehr zum Lernen. Früher bei uns war das alles anders."

B: „Die hätten mal meinen Lehrmeister erleben sollen, dann würde ihnen Hören und Sehen vergehen."

> A spricht aus dem *kritischen Eltern-Ich* ebenfalls das kritische *Eltern-Ich* an.
>
> B antwortet auch aus dem *kritischen Eltern-Ich.*

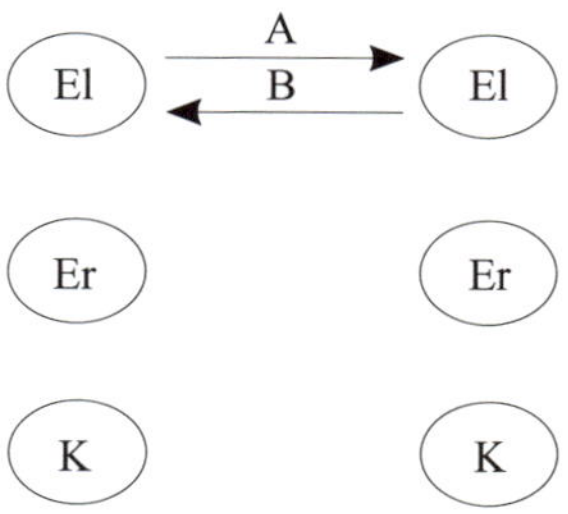


**Beispiel 3:**

Bei den nachfolgenden Transaktionen erfolgt der Austausch zwischen Sender und Empfänger aus dem *freien Kindheits-Ich.*

Sender und Empfänger versuchen, sich ihrer guten Ideen zu versichern.

Zwei Auszubildende:

A: „Ich schwänze heute die Berufsschule, das Wetter ist so toll. Ich gehe heute Mittag raus."

B: „Gute Idee, super, ich komme mit."

Zwei Kollegen:

A: „Morgen ist unser Chef den ganzen Tag außer Haus, da lassen wir es lokker angehen."

B: „Spitze, ich bringe eine Flasche Sekt mit."

| |
|---|
| A spricht aus dem *freien Kindheits-Ich* bei B ebenfalls das *freie Kindheits-Ich* an.<br><br>B antwortet aus dem *freien Kindheits-Ich.* |

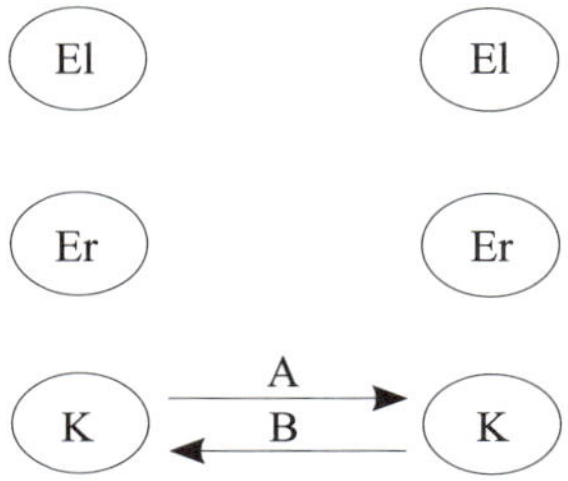


**Beispiel 4:**

Bei der nachfolgenden Transaktion erfolgt der Austausch zwischen Sender und Empfänger aus dem *kritischen Eltern-Ich* (Sender) und dem *angepaßten Kindheits-Ich* (Empfänger).

Ausbilder zu einem Auszubildenden:

A: „Wie oft muß ich Ihnen die Sache noch erklären? Können Sie nicht einmal vernünftig zuhören?

B: „Ich weiß, ich habe das letzte Mal wirklich nicht aufgepaßt. Es tut mir leid, würden Sie so nett sein, es mir noch einmal zu erklären?"

| |
|---|
| Der Ausbilder (A) spricht aus dem *kritischen Eltern-Ich* bei dem Lehrling das *angepaßte Kindheits-Ich* an.<br><br>Der Lehrling (B) antwortet aus den *angepaßten Kindheits-Ich.* |

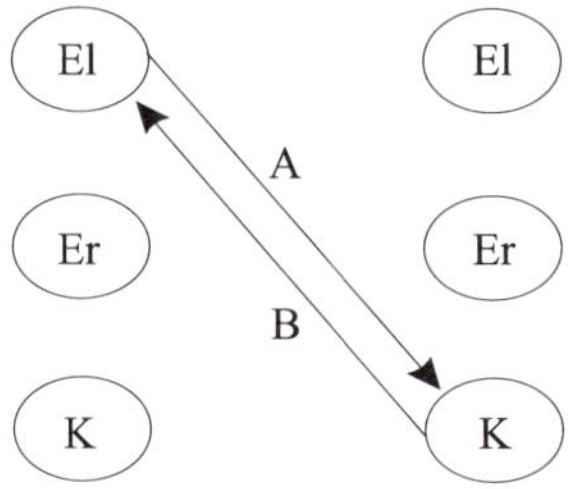

Parallele Transaktionen können darüber hinaus zwischen

- den beiden *fürsorglichen Eltern-Ichs,*
- den beiden *angepaßten Kindheits-Ichs,*
- dem *fürsorglichen Eltern-Ich* und dem
- *freien Kindheits-Ich*

erfolgen.

### *3.6.2.2 Beispiele für Überkreuz-Transaktionen*

**Beispiel 1:**

Auf eine sachliche Frage aus dem *Erwachsenen-Ich* erhält der Sender eine unerwartete Antwort, nämlich aus dem *freien Kindheits-Ich.*

Versandleiter zu Lagerist:

V: „Ist das Expreßpaket für die Firma Meier & Co. gestern rausgegangen?"

L: „Was hab ich damit zu tun? Fragen Sie doch den Schmidt."

| |
|---|
| Der Versandleiter (V) spricht aus dem *Erwachsenen-Ich* das *Erwachsenen-Ich* des Mitarbeiters an.<br>L antwortet aus dem *freien Kindheits-Ich.* |

Wie das Schaubild verdeutlicht, kreuzen sich die Transaktionslinien. Es handelt sich um eine *Überkreuz-Transaktion.*

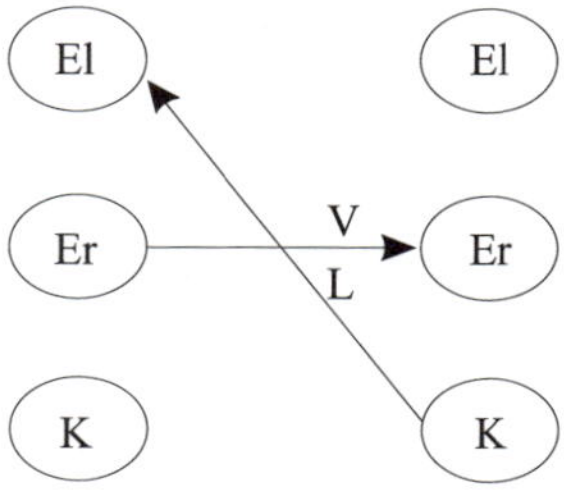


**Beispiel 2:**

Bei der nachfolgenden Transaktion stellt der Sender eine Frage aus dem *angepaßten Kindheits-Ich*, worauf der Empfänger aus dem *Erwachsenen-Ich* reagiert.

Lehrling zu seinem Ausbilder:

L: „Können Sie mir sagen, wie ich das hier machen soll?“
(Es handelt sich um eine Aufgabe, die er schon des öfteren richtig gemacht hat.)

A: „Schauen Sie bitte im Bericht der letzten Woche nach, da finden Sie den Lösungsweg.“

> Der Lehrling spricht aus dem *angepaßten Kindheits-Ich* das *fürsorgliche Eltern-Ich* des Ausbilders an.
>
> Der Ausbilder (A) antwortet aus dem *Erwachsenen-Ich* und spricht das *Erwachsenen-Ich* des Lehrlings an.

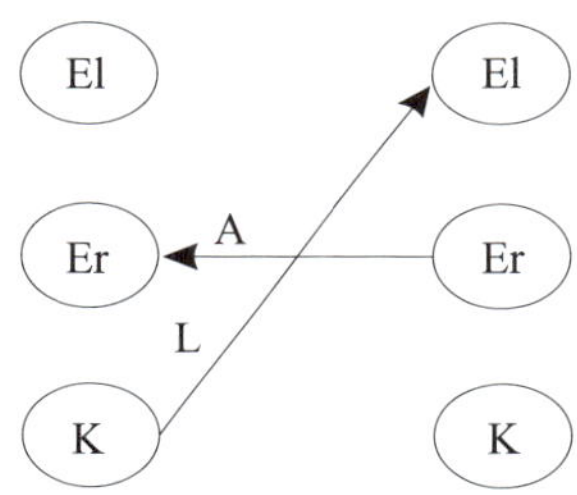


**Beispiel 3:**

Auf eine Frage, die aus dem *kritischen Eltern-Ich* vorwurfsvoll gestellt ist, erhält der Sender eine unerwartete Antwort aus dem *Erwachsenen-Ich*, die sachlich, emotionslos, interessiert gegeben wird und ein Streitgespräch verhindert.

Vorgesetzter zu seiner Sekretärin:

V. „Das ist so völlig unmöglich; so kann das nicht rausgehen.“

S: „Ja, ich werde die Tippfehler verbessern. Die anderen Seiten sind in Ordnung.“

> Der Vorgesetzte (V) spricht aus dem *kritischen Eltern-Ich* das *angepaßte Kindheits-Ich* der Sekretärin (S) an.
>
> Diese antwortet aus dem *Erwachsenen-Ich* und spricht das *Erwachsenen-Ich* des Vorgesetzten an.

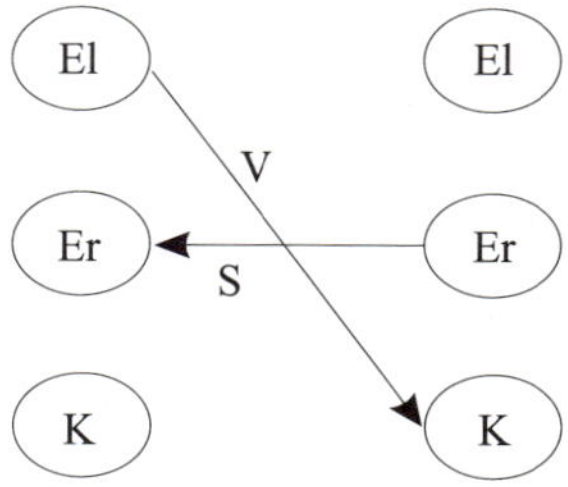


**Beispiel 4:**

Auf eine sachliche Frage aus dem *Erwachsenen-Ich* erhält der Sender eine unerwartete Antwort, nämlich eine vorwurfsvolle Reaktion aus dem *kritischen Eltern-Ich*, mit der sein angepaßtes Kindheits-Ich angesprochen werden soll.

Zwei Kollegen:

A: „Fährst Du heute abend mit?"

B: „Du fährst viel zu schnell, mit dir fahre ich ganz bestimmt nicht mehr" (aggressiv).

Zwei Kollegen:

A: „Wieviel Uhr ist es bitte?"

B: „Sind Sie zu bequem, selbst auf die Uhr zu sehen?"

> Mitarbeiter (A) spricht aus dem *Erwachsenen-Ich* das *Erwachsenen-Ich* des Mitarbeiters (B) an.
>
> Dieser antwortet aus dem *kritischen Eltern-Ich* und spricht das *angepaßte Kindheits-Ich* an.

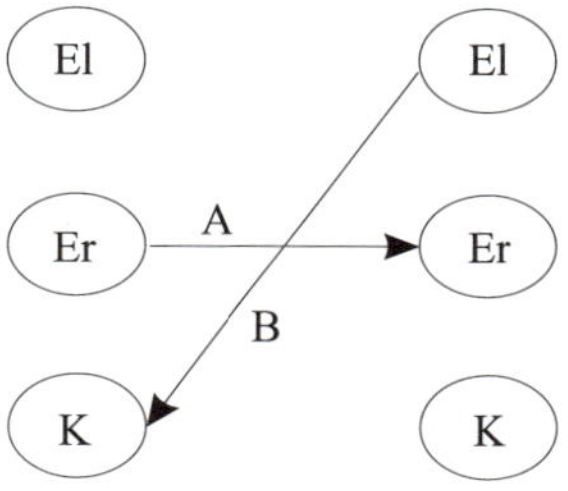

**Beispiel 5:**

Beide Gesprächspartner sind im *kritischen Eltern-Ich*. Sie kritisieren sich gegenseitig und wollen jeweils beim anderen das *angepaßte Kindheits-Ich* ansprechen.

Diese Transaktion wird auch als „Tumult“ bezeichnet. Sie stellt die Grundform des Streites dar.

Zwei Geschäftsführer:

A: „Können Sie nicht einmal einen Termin einhalten?“

B: „Über Termineinhaltung brauchen ausgerechnet Sie mir nichts zu erzählen.“

Der Geschäftsführer (A) spricht aus dem *kritischen Eltern-Ich* das *angepaßte Kindheits-Ich* des anderen Geschäftsführers (B) an.

Dieser antwortet aus dem *kritischen Eltern-Ich* und spricht ebenfalls das *angepaßte Kindheits-Ich* an.

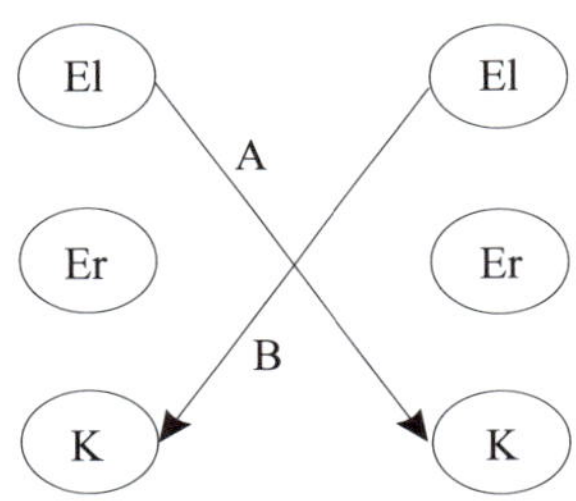


*3.6.2.3 Beispiele für verdeckte Transaktionen*

Die verdeckte Transaktion ist die am schwersten zu durchschauende Transaktion. Dabei wird auf einer *scheinbar sachlichen Erwachsenen-Ich-Ebene* gesprochen, aber die eigentliche Botschaft ist eine verdeckte Mitteilung an einen anderen Ich-Zustand.

**Beispiel 1:**

Zwei Kollegen:

A: „Wieviel Uhr ist es bitte?“

B: „Bei jemandem, der sich eine eigene Uhr leisten kann, ist es jetzt 16.10.“
*Offene Transaktion (soziale Ebene)*

B meint aber: „Sind Sie so arm, daß Sie sich noch nicht einmal eine eigene Uhr leisten können?“
*Verdeckte Transaktion (psychologische Ebene, gestrichelt eingezeichnet)*

Die Antwort enthält eine verdeckte, unterschwellige Kritik (oder anders ausgedrückt: „Es steht zwischen den Zeilen“).

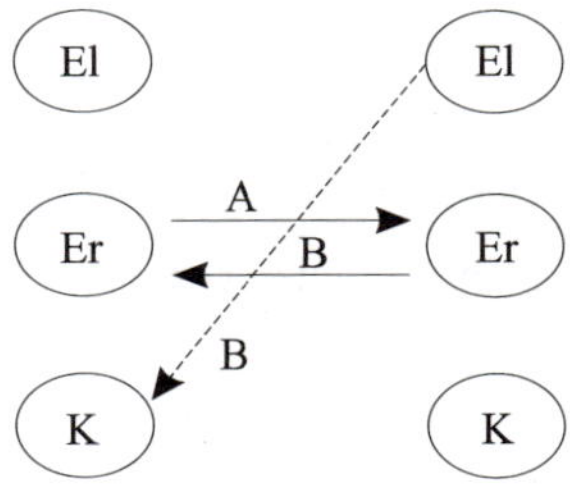


> Die *offenen Transaktionen* finden beim Sender A aus dem *Erwachsenen-Ich* statt, bei dem Empfänger erfolgen sie ebenfalls aus dem *Erwachsenen-Ich*.
>
> Die *verdeckte Transaktion* findet beim Empfänger B aus dem *kritischen Eltern-Ich* statt.

**Beispiel 2:**

Zwei Sachbearbeiter von verschiedenen Abteilungen:

A: „Sollen wir die neue Organisationsanweisung wirklich erfüllen?“
*Offene Transaktion (soziale Ebene)*

A meint aber: „Denen werden wir einmal beweisen, daß das nicht funktionieren kann!“
*Verdeckte Transaktion (psychologische Ebene, gestrichelt eingezeichnet)*

B: „Ja.“
*Offene Transaktion (soziale Ebene)*

B meint aber: „Auf die dummen Gesichter von denen freue ich mich jetzt schon.“
*Verdeckte Transaktion (psychologische Ebene, gestrichelt eingezeichnet)*

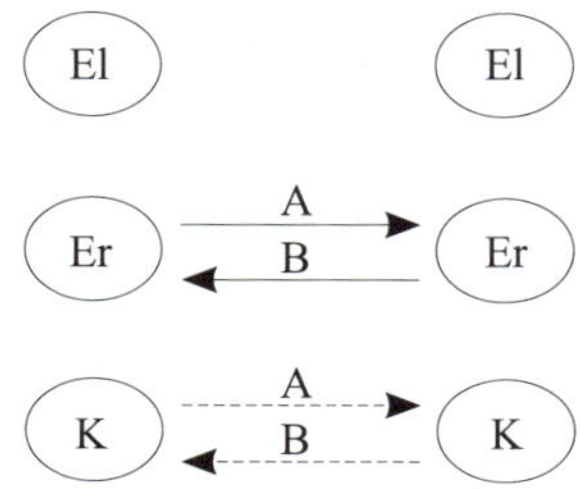


> Die offenen Transaktionen finden sowohl beim Sender A als auch beim Empfänger B aus dem *Erwachsenen-Ich* statt.
>
> Die verdeckten Transaktionen finden bei dem Sender A aus dem *freien Kindheits-Ich* statt, bei dem Empfänger B erfolgt sie ebenfalls aus dem *freien Kindheits-Ich.*

**Beispiel 3:**

Ausbilder zum Auszubildenden:

A: „Haben Sie endlich Ihre Aufgabe erledigt?“
*Offene Transaktion (soziale Ebene)*

A meint aber: „Wie lange dauert das eigentlich noch?“
*Verdeckte Transaktion (psychologische Ebene, gestrichelt gezeichnet)*

B: „Ja, ich bin ja schon fertig.“
*Offene Transaktion (soziale Ebene)*

B meint aber: „Mensch lassen Sie mich doch endlich in Ruhe mit Ihrer ständigen Antreiberei.“
*Verdeckte Transaktion (psychologische Ebene, gestrichelt gezeichnet)*

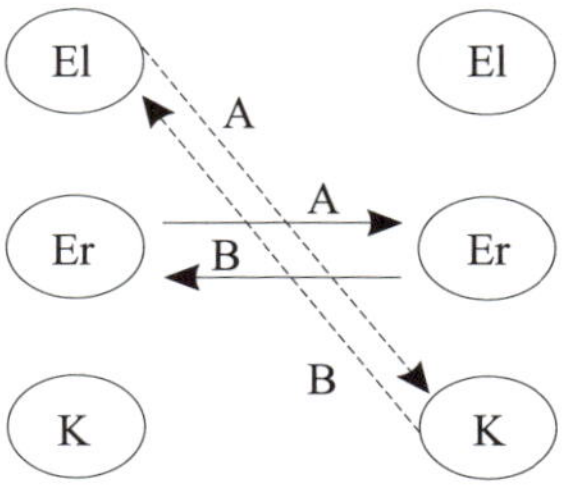


Die offenen Transaktionen finden beim Sender A und beim Empfänger B aus dem *Erwachsenen-Ich* statt.

Die verdeckten Transaktionen finden bei dem Sender A aus dem *kritischen Eltern-Ich* statt, bei dem Empfänger B erfolgt sie aus dem *freien Kindheits-Ich*.

**Beispiel 4:**

Vorgesetzter zu einem Mitarbeiter

A: „Herr Müller (gedehnt), wo ist denn eigentlich der Vorgang Daimler-Benz?"
*Offene Transaktion (soziale Ebene)*

A meint aber: „Den haben Sie doch bestimmt wieder verbummelt."
*Verdeckte Transaktion (psychologische Ebene, gestrichelt eingezeichnet)*

B: „Haben Sie schon einmal auf Ihrem Schreibtisch nachgesehen?"
*Offene Transaktion (soziale Ebene)*

B meint aber: „Wenn Sie bei sich Ordnung hielten, brauchten Sie mich nicht anzusprechen."
*Verdeckte Transaktion (psychologische Ebene, gestrichelt eingezeichnet)*

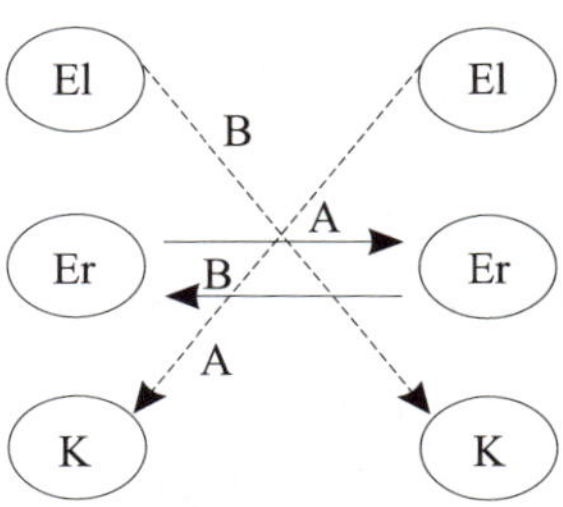

Die offenen Transaktionen finden beim Sender A und beim Empfänger B aus dem *Erwachsenen-Ich* statt.

Die verdeckten Transaktionen erfolgen beim Sender A aus dem *kritischen Eltern-Ich*, beim Empfänger B erfolgen sie ebenfalls aus dem *kritischen Eltern-Ich.*

In der Gesprächspraxis führen nicht alle Transaktionen zu einem „positiven" Ausgang des Gesprächs. Es gibt TA, die „weiterführend" und solche, die „nicht weiterführend" sind, die zu einem Abbruch des Gesprächs führen.

*Weiterführende/nicht weiterführende Transaktionen*

Parallel-Transaktionen sind diejenigen Transaktionen, die in aller Regel für beide Gesprächspartner zufriedenstellend verlaufen und zu einem positiven Gesprächsabschluß führen.

Überkreuz-Transaktionen enden meist in einem Streitgespräch und führen zu einem negativen Gesprächsabschluß. Ein Gespräch, das in einem Konflikt endet, ist meist auf verdeckte oder Überkreuz-Transaktionen zurückzuführen.

Man sollte daher darauf achten, aus welchem Ich-Bereich die Aussage des Gesprächspartners kommt, um aus dem entsprechenden Ich-Bereich heraus reagieren zu können und es damit zu einem positiven Gesprächsverlauf kommen zu lassen.

**Beispiel 5:**

| | |
|---|---|
| Chef: | „Sie kommen heute zum 3. Mal zu spät."<br>*(kritisches Eltern-Ich)* |
| Antwort 1: | Mitarbeiter geht schuldbewußt an den Arbeitsplatz.<br>*(angepaßtes Kindheits-Ich)* |
| Antwort 2: | „Schauen Sie zuerst, wie oft Sie zu spät kommen."<br>*(kritisches Eltern-Ich)*<br>Die Folge ist Streit; dies ist nicht erstrebenswert. |
| Antwort 3: | „Ich bin schon lange im Haus, hatte aber in der Nachbarabteilung zu tun."<br>*(Erwachsenen-Ich)*<br>Der Chef ist zufrieden; das ist erstrebenswert. |

*Hinweise für die Praxis*

1. Es gibt keine gute oder schlechte Form von Transaktionen. Jede hat ihre positiven und negativen Aspekte.
2. Es geht darum, daß Sie in kritischen Situationen flexibler agieren oder reagieren können.
3. Wenn Sie Ihr Verhalten entsprechend ändern, können Sie auch eine veränderte Reaktion bei Ihrem Gegenüber erwarten. Vielleicht nicht gleich beim ersten Mal. Dann gilt es, daß Sie erneut mit verändertem Verhalten agieren. Im Regelfall aus einem anderen Ich-Zustand.
4. Verdeckte Transaktionen, bei denen auf der verdeckten Ebene mitschwingt, „ich finde Sie sympathisch“ oder „ich spreche oder arbeite gern mit Ihnen“ (vgl. freie emotionale Schiene Punkt 3.2), können durchaus sinnvoll und konstruktiv eingesetzt werden.

# 4. Übersicht über die Bestandteile des „Konstruktionsplans Mensch“

**Abwehrmechanismen**

unbefriedigtes Motiv
↓
Frustration
↓
Bedrohung des Selbstwertgefühls
↓
Abwehrmechanismus

**Schichtentheorie**

| | | | | |
|---|---|---|---|---|
| Geist | | rationale Schiene | | Sach-Konflikt |
| **Gefühl** | ⇨ | **emotionale Schiene** | ⇨ | **Beziehungs-Konflikt** |
| Antrieb | | vitale Schiene | | Macht-Konflikt |

**Instanzenmodell**

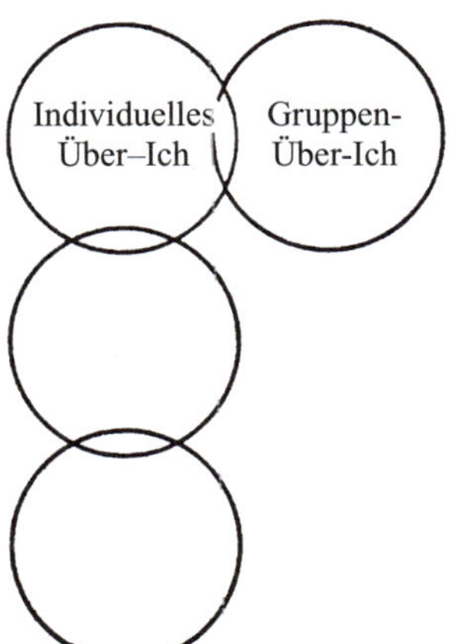


**Bewußtsein/Unbewußtsein**

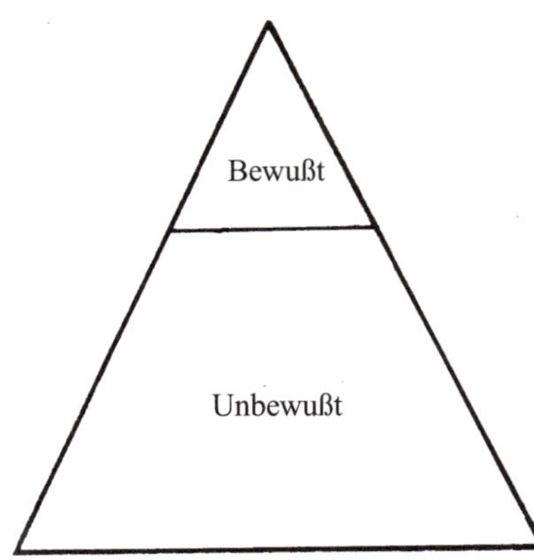

## Selbstwertgefühl

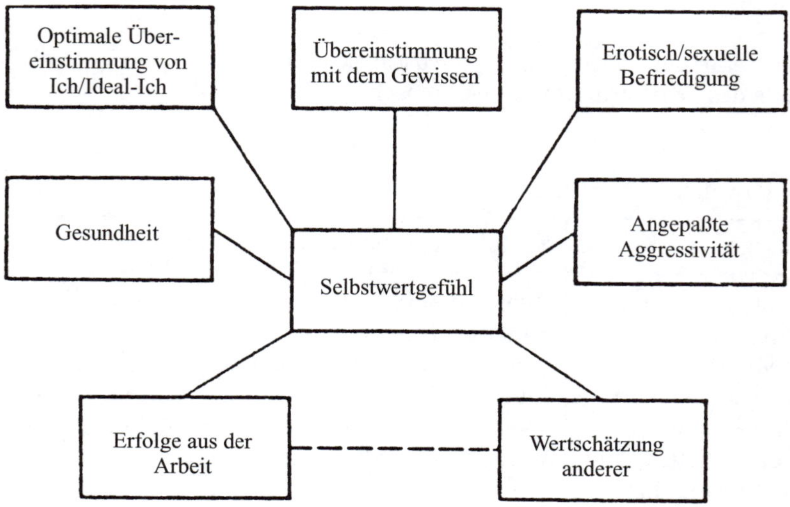


## Transaktions-Analyse

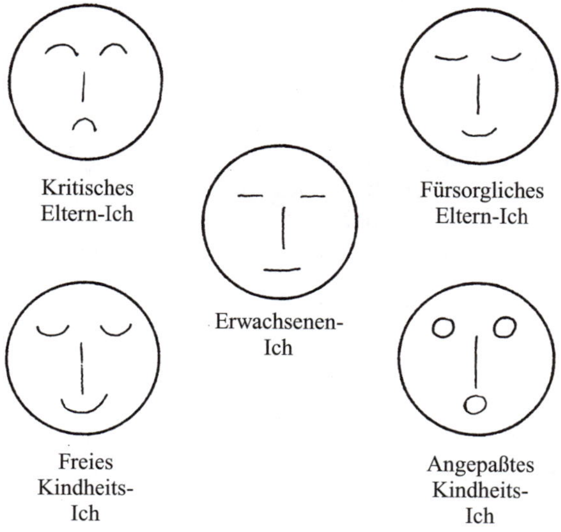

# 5. Die wichtigsten Aussagen und Schlußfolgerungen

Fassen wir nun die wichtigsten Aussagen und Schlußfolgerungen für die Praxis des „Konstruktionsplans Mensch“ zusammen.

## 5.1 Abwehrmechanismen

| Aussage | Schlußfolgerung für die Praxis |
|---|---|
| Bleibt ein Motiv unbefriedigt, so zeigt der Mitarbeiter Verhaltensweisen (Abwehrmechanismen), die dazu dienen, sein Selbstwertgefühl wiederherzustellen. | Zeigen mein Mitarbeiter oder ich selbst solche Verhaltensweisen, so muß ich mich als Vorgesetzter fragen, welches Motiv unbefriedigt geblieben ist. Man muß sich darüber im klaren sein, daß ein Mitarbeiter solche Abwehrmechanismen zeigt, um sein Selbstwertgefühl wiederherzustellen. |

## 5.2 Die Schichtentheorie

| Aussage | Schlußfolgerung für die Praxis |
|---|---|
| Der Mensch ist ein gefühlsbetontes Wesen. | Die personale Organisation des Betriebes darf nicht nach einer Fiktion ausgerichtet sein, sondern muß sich nach dem „Sosein“ des Systems Mensch richten; d. h. danach, wie die Mitarbeiter in aller Regel geartet sind; es sind *gefühlsbetonte Wesen*.<br>Folglich darf der Vorgesetzte nicht so führen, als ob der Mitarbeiter ein geistbetontes Wesen wäre. |

## 5.3 Das Instanzenmodell

| Aussage | Schlußfolgerung für die Praxis |
|---|---|
| Die Persönlichkeit des Mitarbeiters und damit das Verhalten wird bestimmt durch mehrere Instanzen, die häufig im Widerspruch zueinander stehen. | Der Vorgesetzte muß berücksichtigen, daß der Mitarbeiter neben seinen Normen auch Gefühle und Triebe hat, die diesen Normen entgegenstehen.<br>Er befindet sich dadurch häufig in einem Rollenkonflikt, in einem Widerspruch zwischen verschiedenen Teilen seiner Persönlichkeit.<br>Dieser Rollenkonflikt führt häufig zu Widersprüchen in seinem Verhalten. |

## 5.4 Das Selbstwertgefühl

| Aussage | Schlußfolgerung für die Praxis |
|---|---|
| Das wichtigste Verhaltensregulativ des Menschen ist das Selbstwertgefühl. | Wir müssen uns Gedanken machen, auf welche Art und Weise wir das Selbstwertgefühl unseres Mitarbeiters stärken können.<br>Ansatzpunkte hierfür sind die einzelnen Faktoren, die das Selbstwertgefühl beeinflussen.<br>Ein Mitarbeiter mit einem starken, positiv geprägten Selbstwertgefühl wird effektiver und optimaler arbeiten als ein Mitarbeiter, der ein schwaches Selbstwertgefühl besitzt. |

## 5.5 Bewußtsein/Unbewußtsein

| Aussage | Schlußfolgerung für die Praxis |
|---|---|
| Das Bewußte ist nur ein Teil der Persönlichkeit des Mitarbeiters, ist nur die „Spitze des Eisberges“.<br>Der größte Teil liegt im Unbewußten. | Der Mensch handelt nur zum Teil unbewußt. Erlebnisse aus der Vergangenheit werden im „Unbewußten“ abgelagert.<br>Sie beeinflussen von dort aus das Erleben und Verhalten.<br>Oft ist das Unbewußte für Vorstellungen und Einstellungen verantwortlich, die uns zunächst nicht erklärbar sind.<br>Mit Hilfe dieses Modells ist man in der Lage, die Quellen für ein Verhalten zu lokalisieren und ggf. hieran etwas zu ändern. Inbesondere soll uns aber deutlich werden, wie sensibel der Mensch ist. |

## 5.6 Die Transaktions-Analyse

| Aussage | Schlußfolgerung für die Praxis |
|---|---|
| Das Erklärungsmodell der TA spricht von sogenannten Ich-Bereichen der Persönlichkeit, die das Kommunikationsverhalten in hohem Maße beeinflussen. | Um reibungsloser und effektiver mit dem Mitarbeiter sprechen zu können, ist es wichtig zu erkennen, aus welchen Ich-Bereichen er reagiert.<br>Nur dann kann man richtig auf die Aussage reagieren und einem Streit aus dem Wege gehen. |

# 6. Das Verhalten des Mitarbeiters

## 6.1 Allgemein

Immer wieder wird bei Vorlesungen oder Vorträgen die Frage gestellt: „Wovon hängt das Verhalten ab?

Ist die Anlage oder die Umwelt wichtiger, und wie ist das prozentuale Verhältnis zwischen Anlage und Umwelt?

Die Frage, ob Anlage oder Umwelt das Verhalten mehr beeinflussen, ist nicht zu beantworten, sie ist falsch gestellt. Beide sind nötig. Nur wenn die entsprechende Anlage vorhanden ist, kann sie sich in der Umwelt ausprägen. Auf der anderen Seite kann die Anlage noch so vorteilhaft sein, wenn keine Umwelt vorhanden ist, wird es auch zu keinem Ergebnis kommen. Als Faustregel läßt sich sagen:

*Verhalten = f (Anlage, Umwelt),*
d. h. das Verhalten ist eine Funktion von Anlage und Umwelt.

Anschaulich stellt dies *Horn*[11] dar.

Die Höhe der Gläser bedeutet die Anlage eines Menschen.

1. Eine günstige Umwelt sorgt dafür, daß die Anlagen voll ausgenutzt werden.

Die Gläser sind bis zum Rand gefüllt.
Das Leistungsvermögen ist optimal.
Die Anlage ist voll entwickelt.

2. Eine ungünstige Umwelt verhindert, daß die Anlagen voll ausgenutzt werden.

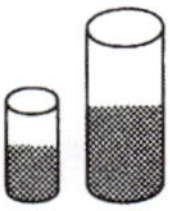

Die Gläser sind nur teilweise gefüllt.

---

11 *Ralf Horn:* Ausbildung der Ausbilder. Fernsehkurs im Medienverband TR Verlagsunion 1973 Heft 5.

3. Es kann aber vorkommen, daß jemand mit geringen Anlagen mehr leistet als ein anderer mit größeren Anlagen, wenn die nicht ausreichende Umwelt die besseren Anlagen stark beeinträchtigt.

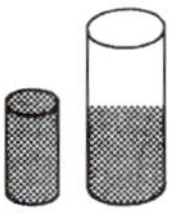

Ein Glas ist bis zum Rand, das andere nur teilweise gefüllt.

Sie haben nun manches über das „System Mensch“ erfahren. Sie haben viele Anregungen erhalten, um das Verhalten Ihres Mitarbeiters zu verstehen.

Es fällt Ihnen leichter

- Verständnis aufzubringen und
- seine Verhaltensweisen nicht als „merkwürdig“ bzw. als „unverständlich“ abzutun, sondern diese
- als „Symptome“ für tieferliegende Gründe zu deuten.

Um richtig mit den Mitarbeitern umzugehen und sie richtig „führen“ zu können, muß sich der Vorgesetzte auch über die eigene Persönlichkeitsstruktur Gedanken machen.

## 6.2 Drei Fragen, die sich jede Führungskraft stellen sollte

Das Verhalten des Mitarbeiters (des Partners allgemein) steht nicht im „luftleeren Raum“, sein Verhalten ist eine Antwort auf meine eigene Verhaltensweise.

Folgende Fragen sollte sich jede Führungskraft daher stellen:

- Kenne ich meine eigenen Verhaltensweisen?
- Kenne ich mein Persönlichkeitsprofil und das meiner Mitarbeiter?

oder anders ausgedrückt:

Kenne ich die Antwort auf die drei Fragen:

1. Wie bin ich?
2. Wie verhalte ich mich?
3. Wie wirke ich?

Bezogen auf den Mitarbeiter würden diese Fragen lauten:

1. Wie ist der Mitarbeiter?
2. Wie verhält sich der Mitarbeiter?
3. Wie wirkt der Mitarbeiter?

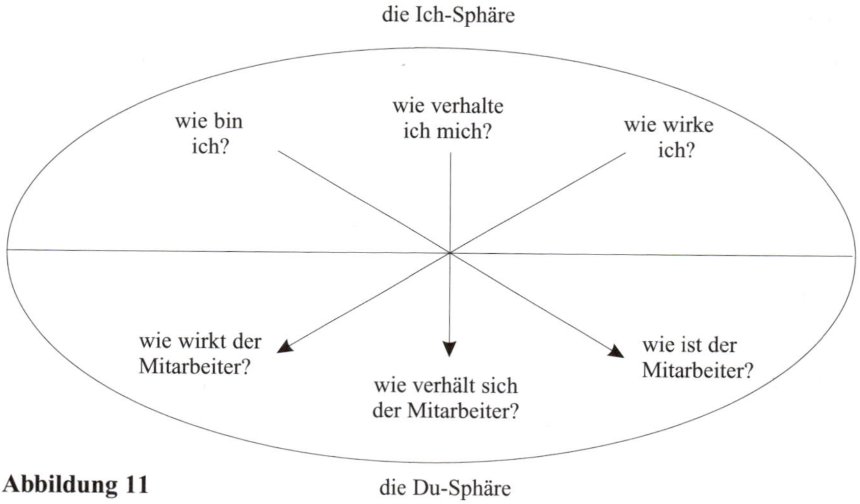


**Abbildung 11**

### 6.2.1 Wie bin ich?

Eine Antwort auf diese Frage gibt uns eine testpsychologische Untersuchung.

Es gehört heute zum „guten Ton", sich unqualifiziert über psychologische Tests auszulassen. Dies verdeutlicht folgendes Beispiel:

> **Beispiel:**
>
> Bei einer abendlichen Unterhaltung kam die Sprache auf psychologische Testuntersuchungen.
>
> Ein an einer *medizinischen Fakultät forschender Professor* ließ sich lang und unqualifiziert über Testuntersuchungen aus, ebenso unqualifiziert wie ein Psychologe, der über verschiedene Operationsmethoden spricht.
>
> Jeder Vorgesetzte, der Personalverantwortung trägt, sollte aber die Möglichkeiten und Grenzen von Tests kennen.

### *6.2.1.1 Grenzen und Möglichkeiten testpsychologischer Untersuchungen*

Eines soll zunächst klar gesagt werden: Der Vorgesetzte darf nicht

- testgläubig,
- testhörig

werden.

Rein statistisch gesehen hat ein Test eine Aussagesicherheit von ca. 70%.

> Aussagen auf der Basis eines Testergebnisses sind abhängig von
>
> - der Antwortzeit der Testpersonen,
> - der Genauigkeit, Gewissenhaftigkeit und Ehrlichkeit seiner Antworten
>
> und anderen Faktoren.

Andererseits sind psychologische Testverfahren geeignet, Hinweise über

- die Leistungsfähigkeit

*bzw.*

- die Persönlichkeit eines Menschen

zu geben.

Gerade bei psychologischen Beratungen sollte zur Vervollständigung des Bildes eine solche Untersuchung durchgeführt werden.

„Seriöse" Tests müssen den Testgütekriterien entsprechen. Diese Kriterien sind:

1. Validität,
2. Reliabilität und
3. Objektivität.

*Zu 1. Validität*

Der Test soll die Eigenschaften messen, die durch ihn erfaßt werden sollen.

**Beispiel:**

Bei einem Intelligenztest soll die allgemeine Leistungsfähigkeit und nicht etwa die Konzentrationsfähigkeit gemessen werden.

*Zu 2. Reliabilität*

Die Testresultate sind zuverlässig, wenn sie bei *wiederholter Anwendung* an der gleichen Personengruppe und auch bei Verwendung von *Paralleltests* wieder eintreten.

*Zu 3. Objektivität*

Ein Test gilt dann als objektiv, wenn verschiedene Testauswerter jeweils zum gleichen Ergebnis kommen.

*6.2.1.2 Testdurchführung*

Im folgenden wird ein für testpsychologische Untersuchungen möglicher Weg aufgezeigt, wie er sich auch bei Führungsseminaren bewährt hat (ein praktisches Beispiel finden Sie auf den nachfolgenden Seiten).

Beschrieben werden *3 Schritte:*

1. Schritt: Selbstanalyse
2. Schritt: Fremdanalyse
3. Schritt: Testanalyse

*Zu 1. Selbstanalyse*

Der erste Schritt besteht in einer Selbstanalyse. Die Testperson wird angeregt, sich z. B. anhand vorgegebener Eigenschaftsdimensionen selbst einzuschätzen.

Die Selbstanalyse ergibt somit ein Bild darüber, wie er sich selbst sieht.

Häufig erkennt der Teilnehmer aber selbst den Mangel einer Selbsteinschätzung und geht der Frage nach, wie er zu objektivierten Ergebnissen kommen kann. *Es ist dann ein Leichtes, ihm deutlich zu machen, daß dies durch eine Fremdanalyse möglich ist.*

*Zu 2. Fremdanalyse*

Eine dem Teilnehmer im privaten oder betrieblichen Bereich nahestehende Person schätzt den Teilnehmer anhand der vorgegebenen Eigenschaftsdimensionen ein.

Meist bevorzugen die Teilnehmer den privaten Partner, da sie sich noch scheuen, sich vom Mitarbeiter oder Kollegen beurteilen zu lassen[12].

---

12 Anders ist es in Seminarveranstaltungen. Dort sind die Teilnehmer in aller Regel gerne bereit, sich von den anderen Teilnehmern beurteilen zu lassen. Meist entsteht dann bei der Absprache über die 3 Ergebnisse (Selbst-, Fremd-, Test-Analyse) eine rege Diskussion.

*Zu 3. Testanalyse*

*Der Teilnehmer bearbeitet nun die für ihn vorgesehenen Tests (vgl. die folgenden Seiten)*[13].

Steht das Ergebnis des 3. Schritts (Testanalyse) fest, so kann der Teilnehmer dieses mit dem 1. und 2. Schritt vergleichen.

Bei der Bewertung der Ergebnisse (mit der Selbst- und der Fremdanalyse) sollte sich die Testperson folgende Fragen stellen:

1. Kann ich das Ergebnis akzeptieren, finde ich mich in dieser Testaussage wieder? Wenn ja, folgt die Frage:
2. Stand mir der so gefundene Wesenszug in der Vergangenheit im Wege, oder hat er zu meinem Erfolg beigetragen?
3. Wenn er mir im Wege stand, sollte ich versuchen, ihn anzugehen, ihn abzubauen? Trug er zu meinem Erfolg bei, sollte ich versuchen ihn auszubauen.
4. Kann ich mich mit dem Ergebnis nicht identifizieren, stimmt es nicht mit meiner Selbstanalyse überein, sollte ich diese noch einmal überdenken. Stimmt die Aussage meines Partners mit meiner Selbstanalyse überein – im Gegensatz zum Testergebnis –, dann sollte ich ruhig das Testergebnis zur Seite legen (wir sagten schon, daß der Test keine Röntgenaufnahme ist). Stimmen Fremdeinschätzung und Testergebnis überein, scheinen Zweifel an der Selbsteinschätzung gerechtfertigt.

In Führungsseminaren bewährten sich folgende Analyseverfahren:

1. FPI (Freiburger Persönlichkeitsinventar)
2. FDE (Fragebogen zur direktiven und nicht direktiven Einstellung)
3. Werteinstellungsfragebogen nach *Roth*

*Zu 1. Freiburger Persönlichkeitsinventar (FPI)*

Das Freiburger Persönlichkeitsinventar ist ein tiefenpsychologischer Test, bei dem anhand von 12 Persönlichkeitsmerkmalen eine Persönlichkeitsstruktur erstellt wird.

Der FPI-Bogen ist nach dem Stanine-System aufgebaut, z. B.

– steht Punkt 9 für hohe Nervosität,
– Punkt 1 für geringe Nervosität.
– 54% der Bevölkerung liegen zwischen Punkt 4 und 6.

---

13 Es hat sich bewährt, daß die Testteilnehmer ihre Testantwortbogen mit einem Code-Wort abgeben, um auch die geringste Befürchtung zu beseitigen, daß die Ergebnisse in die Personalakte gelangen könnten.

Auswertungsbogen **FPI** Gesamtform Halbform A–B Datum

| Skala | Rohwert | Prozent | 4 | 7 | 12 | 17 | 20 | 17 | 12 | 7 | 4 | |
|---|---|---|---|---|---|---|---|---|---|---|---|---|
| | | **Standardwert** | **9** | **8** | **7** | **6** | **5** | **4** | **3** | **2** | **1** | **Stanine** |
| | | | | | | 54 % | | | | | | |
| FPI 1 | | **Nervosität** psychosomatisch gestört | • | • | • | • | • | • | • | • | • | psychosomat. nicht gestört |
| FPI 2 | | **Aggressivität** spontan aggressiv, emotional unreif | • | • | • | • | • | • | • | • | • | nicht aggressiv, beherrscht |
| FPI 3 | | **Depressivität** mißgestimmt, selbstunsicher | • | • | • | • | • | • | • | • | • | zufrieden, selbstsicher |
| FPI 4 | | **Erregbarkeit** reizbar, leicht frustriert | • | • | • | • | • | • | • | • | • | ruhig, stumpf |
| FPI 5 | | **Geselligkeit** gesellig, lebhaft | • | • | • | • | • | • | • | • | • | ungesellig, zurückhaltend |
| FPI 6 | | **Gelassenheit** selbstvertrauend, gutgelaunt | • | • | • | • | • | • | • | • | • | irritierbar zögernd |
| FPI 7 | | **Dominanzstreben** reaktiv aggressiv, sich durchsetzend | • | • | • | • | • | • | • | • | • | nachgiebig, gemäßigt |
| FPI 8 | | **Gehemmtheit** gehemmt, gespannt | • | • | • | • | • | • | • | • | • | ungezwungen, kontaktfähig |
| FPI 9 | | **Offenheit** offen, selbstkritisch | • | • | • | • | • | • | • | • | • | verschlossen, unkritisch |
| FPI E | | **Extraversion** extravertiert | • | • | • | • | • | • | • | • | • | introvertiert |
| FPI N | | **Emot. Labilität** emotional labil | • | • | • | • | • | • | • | • | • | emotional stabil |
| FPI M | | **Maskulinität** typisch männliche Selbstschilderung | • | • | • | • | • | • | • | • | • | typisch weibl. Selbstschildg. |
| | | | | | | 54 % | | | | | | |

*Proband* Geschlecht ______ Alter ______ Testleiter / Auswerter

Name / Kenn-Nr. ____________________ ____________________

____________________ ____________________

**Abbildung 12**

*Zu 2. Fragebogen zur direktiven Einstellung (FDE)*

Der Test beinhaltet zwei voneinander unabhängige Skalen, die

- direktive bzw. nichtdirektive Einstellung

und die

- Extraversion (nach außen gerichtetes Verhalten) vs. Introversion (nach innen gerichtetes Verhalten mit geringer Kontaktfreude).

Diese beiden Dimensionen sind für Führungskräfte von besonderer Bedeutung.

Im *ersten Schritt* nimmt der Seminarteilnehmer auf der auf S. 98 dargestellten Skala eine Selbsteinschätzung vor in den Dimensionen

- direktive[14]/nichtdirektive[15] Einstellung

und

- Extraversion/Introversion.

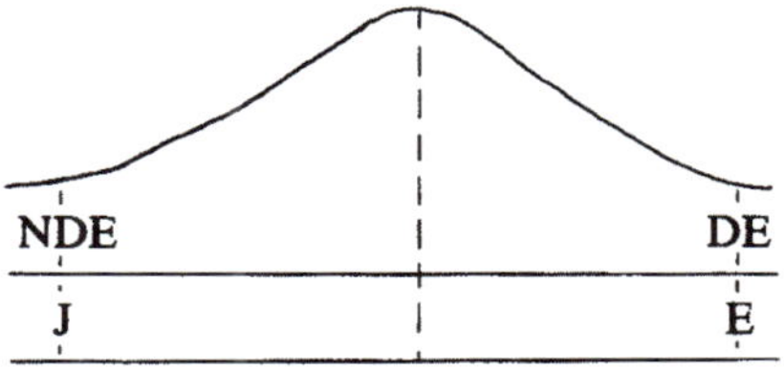


**Abbildung 13**

Sieht er sich sehr „nichtdirektiv" (NDE), dann wählt er 70, sieht er sich sehr „direktiv" (DE), wählt er 130, glaubt er, genau dazwischen zu liegen, wählt er 100.

Genauso verfährt er bei der Dimension „Introversion" (J) und „Extraversion" (E).

Auch beim FDE sollte der Teilnehmer die Möglichkeit wahrnehmen, seine Selbsteinschätzung mit der Fremdeinschätzung zu vergleichen und auf dem Ergebnisblatt zu markieren.

14 *Direktive Einstellung* ist das Bestreben zu lenken, zu beeinflussen, zu dirigieren, zu führen und anzuordnen.

15 *Nichtdirektive Einstellung* ist das Bestreben zu akzeptieren, hohe Selbständigkeit und Unabhängigkeit zu fördern.

| |
|---|
| Wie bei allen Testergebnissen sollte der Teilnehmer davon ausgehen, daß ein bestimmtes Testergebnis nicht an sich<br>– positiv oder<br>– negativ<br>zu bewerten ist. |

Wird einem Teilnehmer z. B. durch die Selbstanalyse wieder deutlich (und das Testergebnis bestätigt dies), daß er eher „direktiv" führt, dann sollte er sich dies bei der nächsten Führungsentscheidung bewußt machen. etwa in der Art: „Ich führe meist ‚direktiv', sollte ich dann nicht in diesem Fall die ‚Zügel etwas lockern?' " (analog im umgekehrten Fall).

*Zu 3. Werteinstellungsfragebogen nach Roth*

Dieser Fragebogen erfaßt zentrale Wertvollstellungen, nach denen die Person ihr Verhalten ausrichtet.

Ziel ist es, dem Teilnehmer die für ihn zentralen Wertvorstellungen bewußt zu machen. Dies sollte ihm helfen, sein eigenes Verhalten in bestimmten Situationen besser zu verstehen und gegebenenfalls modifizieren zu können.

Im einzelnen werden in dem Test folgende Werthaltungen erfaßt:

| | | |
|---|---|---|
| – theoretisch | – ästhetisch | – politisch |
| – ökonomisch | – sozial | – religiös |

Die einzelnen Dimensionen lassen sich wie folgt charakterisieren:

| Verhaltensweise | Werthaltung |
|---|---|
| sucht Übereinstimmung/Unterschied, sucht Wahrheit – kritisch, rational | theoretisch |
| sucht Nutzen, „money maker" – sucht Luxus | ökonomisch |
| sucht Schönheit, Harmonie und Ordnung | ästhetisch |
| Miteinander/Füreinander – altruistisch | sozial |
| Macht/Karriere | politisch |
| Sinn des Lebens – Selbstverleugnung – Meditation | religiös |

Abbildung 14 zeigt die durchschnittlich erreichten Werte:

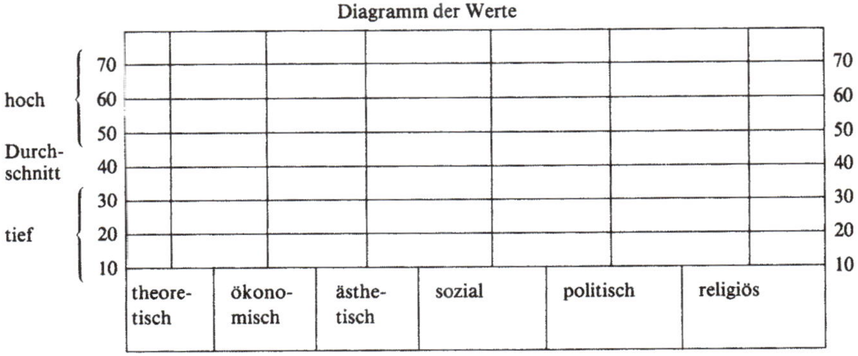


**Abbildung 14**

**Zu der Frage „Wie bin ich" ein Beispiel aus der Praxis:**

Herr X[16] schätzte sich auf den einzelnen Dimensionen der angeführten Persönlichkeitstests (FPI, FDE, Werthaltungsfragebogen) zunächst selbst ein. Im Anschluß hieran bearbeitet er die Fragebogen.

Auf dem Hintergrund der Testergebnisse lassen sich folgende Aussagen zu seiner Person machen:

*1. Der FPI*

Herr X bearbeitet den FPI offen und selbstkritisch. Die einzelnen Dimensionen zeichnen das Bild einer emotional stabilen, belastbaren und reifen Persönlichkeit. Er beschreibt sich selbst als selbstsicher, gelassen, wenig nervös und beherrscht. Im Umgang mit anderen Personen wirkt er gesellig, kontaktfähig und wenig dominant. Er ist in der Lage, auf andere einzugehen, extravertiert und emotional stabil.

*2. Der FDE*

Übereinstimmend mit dem FPI erscheint Herr X auch in diesem Fragebogen als extravertiert, nach außen gerichtet und als wenig dominant im Umgang mit anderen Personen. Seinen Mitarbeitern gegenüber verhält er sich eher „nichtdirektiv" und läßt diessen Raum für eigene Initiative und eigene Entscheidungen.

16 Promovierter Chemiker, Gruppenführer, 47 Jahre.

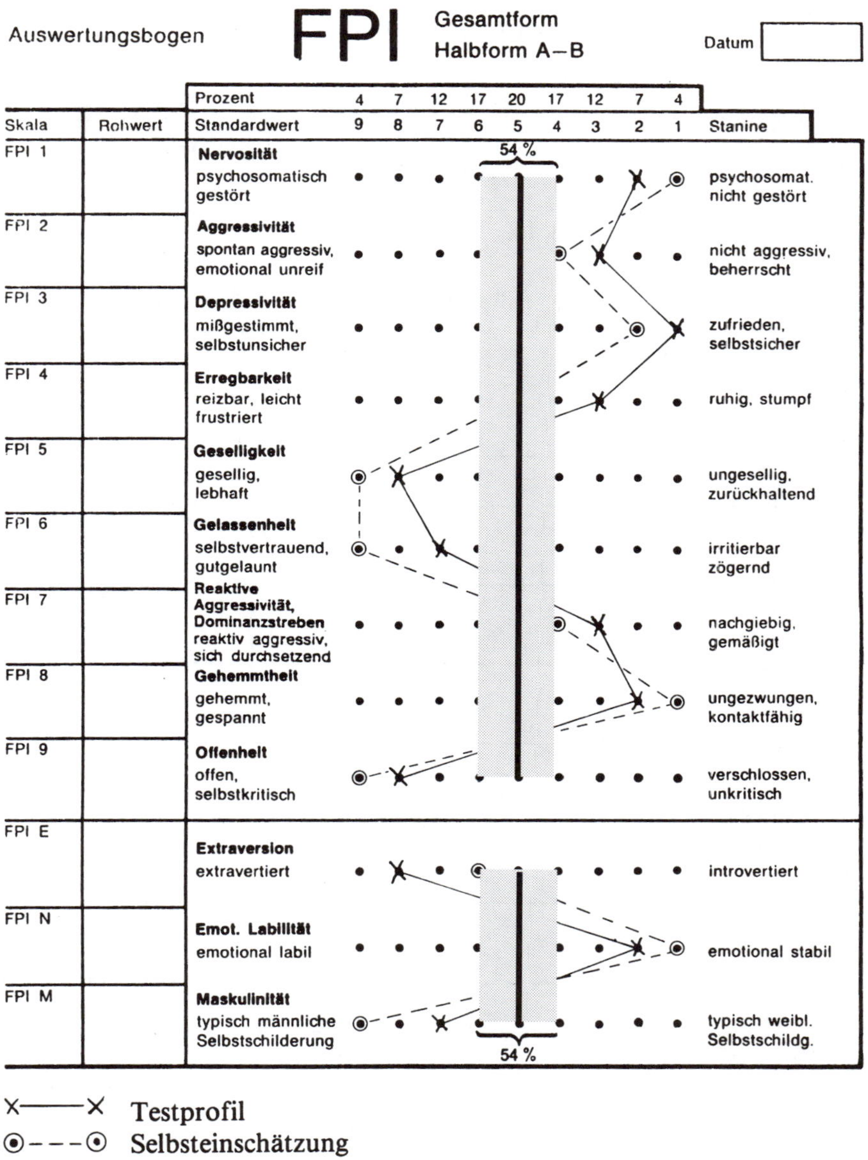


**Abbildung 15**

**2. FDE**

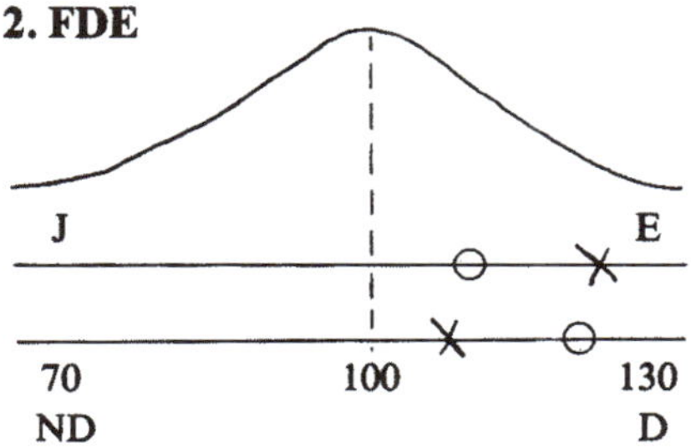


○ Testergebnis/ × Selbsteinschätzung

Abbildung 16

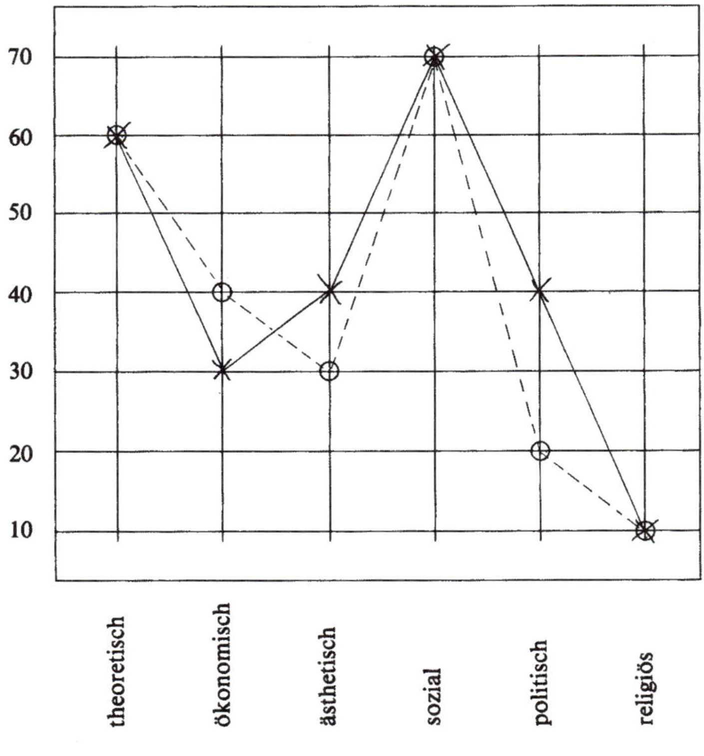


_____ × Testergebnis/_____○ Selbsteinschätzung

**Abbildung 17**

*3. Der Werthaltungsfragebogen*

Herr X orientiert sein Verhalten und Handeln in hohem Umfang an theoretischen und sozialen Werthaltungen. Entsprechend seiner naturwissenschaftlichen Ausbildung neigt er zu kritischem, rationalem, logischem Denken. Trotz dieser rationalen, sachlogischen Orientierung verliert er die Interessen seiner Mitarbeiter und seiner sozialen Umwelt nicht aus den Augen. Er berücksichtigt diesen Aspekt angemessen bei seinem Verhalten und seinen Entscheidungen. Religiöse Werte spielen in diesem Zusammenhang eine geringe Rolle. Das Streben nach eigenem Nutzen, nach Macht und Karriere sowie nach ästhetischen Werten sind nur knapp durchschnittlich ausgeprägt.

Der Vergleich dieser Testergebnisse mit der anfänglichen Selbsteinschätzung weist eine hohe Übereinstimmung auf.

Wir können so feststellen, daß Herr X über ein durchaus realistisches Selbstbild verfügt und seine eigene Person, seine Persönlichkeit gut einzuschätzen vermag.

### 6.2.2 Wie verhalte ich mich?

Neben der Frage „Wie bin ich?“ ist es wichtig für uns, aus eigener Anschauung zu beurteilen, wie wir uns verhalten.

Eine Antwort auf die Frage „Wie verhalte ich mich“ geben uns Videoaufzeichnungen.

Durch das Aufzeichnen und spätere Abspielen sind wir in der Lage,

- bestimmte Verhaltensweisen zu analysieren und dadurch uns
- behindernde Verhaltensweisen abzubauen.

Hierdurch wird die Sicherheit des Auftretens (z. B. bei einer Rede), gestärkt.

Die Vorgehensweise bei einem solchen Training wollen wir anhand eines Beispiels demonstrieren.

**Beispiel:**

Ein 45jähriger Abteilungsleiter, der in naher Zukunft in die Geschäftsführung berufen werden sollte, klagte über Unsicherheiten beim Sprechen vor einer größeren Anzahl von Personen.

Als Beispiel für eine solche Situation nannte er die Kommentierung der Bilanz auf der Hauptversammlung. Hier verspüre er große Unsicherheiten und lasse sich auch durch Unruhe im Saal aus der Ruhe bringen.

Zu Beginn des Trainings baten wir ihn, uns etwas zu seiner Person zu sagen. Diese Darstellung seines Lebenslaufs wurde auf Video aufgenommen und anschließend mit ihm besprochen.

Bei diesem für ihn leichten Thema zeigt er keine Unsicherheiten.

Als nächstes baten wir ihn, zu einem etwas schweren Thema zu sprechen, „die Stellung seines Betriebs auf dem Gesamtmarkt".

Hier zeigten sich einige Unsicherheiten:

- er versprach sich öfter,
- er verlor den „Faden".

Als drittes Thema wählten wir eine fachfremde Fragestellung. Hierbei verstärkten sich seine Unsicherheiten nochmals.

Im weiteren Verlauf des Trainings verringerte sich sein Unsicherheitsgefühl, bis es verschwand.

Durch die schwieriger werdende Fragestellung wurde die Situation für ihn erschwert, gleichzeitig lernte er aber mit solchen Streßsituationen „umzugehen".

Ziel eines solchen Trainings ist es, die mit einer Streßsituation verbundenen und subjektiv empfundenen Vorstellungen

- zu erkennen und durch Übung
- zu verringern.

### 6.2.3 Wie wirke ich?

Die Frage „Wie wirke ich?" stellen wir uns sehr oft, sei es, daß wir uns fragen

- welchen Eindruck macht mein Verhalten auf meinen Partner?
- was hält mein Vorgesetzter eigentlich von mir?
- wie wirke ich auf meine Mitarbeiter?

oder

- habe ich durch mein Verhalten meinen Vorgesetzten verärgert?

All diese Fragen bedrücken und verunsichern uns, da wir auf diese Fragen keine klaren Antworten bekommen.

> Wir sind stark auf Vermutungen und Annahmen angewiesen. Es ist sehr selten, daß mein Gegenüber mir die Wahrheit in bezug auf mein Verhalten sagt. Und dies, obwohl es sehr wichtig für uns ist, hierauf eine Antwort zu bekommen.

Auch hier gibt uns die Psychologie Hilfestellung in Form der gruppendynamischen Übung.

Der Besuch eines gruppendynamischen Seminars bietet dem Teilnehmer die Möglichkeit, mehr über sich selbst zu erfahren.

Hierbei sind aber folgende 5 Punkte zu beachten:

1. völlige Freiwilligkeit,
2. kleine Gruppe (ca. 8 Teilnehmer),
3. genügend Zeit (ca. 3 Tage),
4. ruhiges Hotel,
5. erfahrener Trainer.

# 7. Glossar der wichtigsten Fachbegriffe in Englisch

Auf den folgenden Seiten finden Sie die Übersetzung der psychologischen Fachtermini in die englische Sprache.

**page 11**

1. The care devoted to a machine should (at least) correspond to the one devoted to a colleague.

2. Like an engineer needing (precise) knowledge of the functional (constructional) design of a machine in order to make valid statements also an executive (chief) ought to know the "functional design" of the system (working in) "man".

**page 25**

1. defense mechanism
2. stratification theory
3. "psychic forces" (Id, Ego, Super-Ego)*
4. self-esteem
5. consciousness/unconsciousness
6. transaction analysis

**page 46**

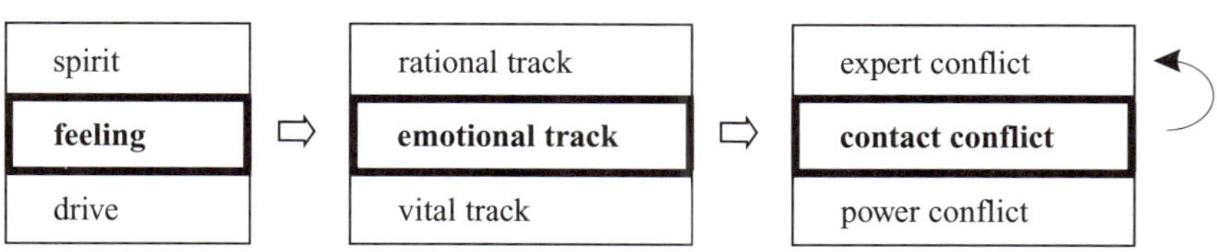


* According to psychoanalysis representing a modell of personality (structure) characterized by different
- degree of consciousness
- approach to reality
- interactions and control.

**page 48**

Man's behaviour is essentially emotional (irrational). As a consequence, his problems cannot be solved only on an intellectual level. The emotional level (feelings) has (have) to be taken into account too.

**page 50**

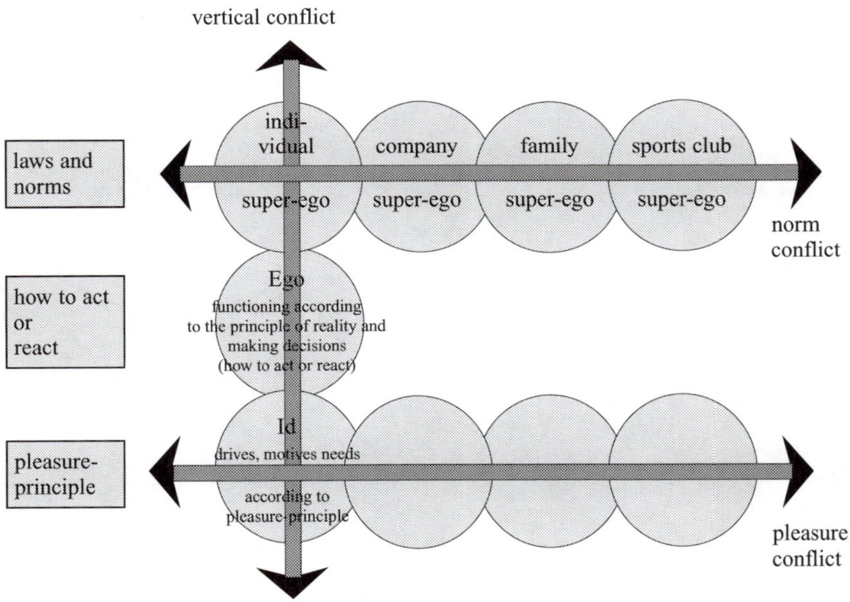

**page 55**

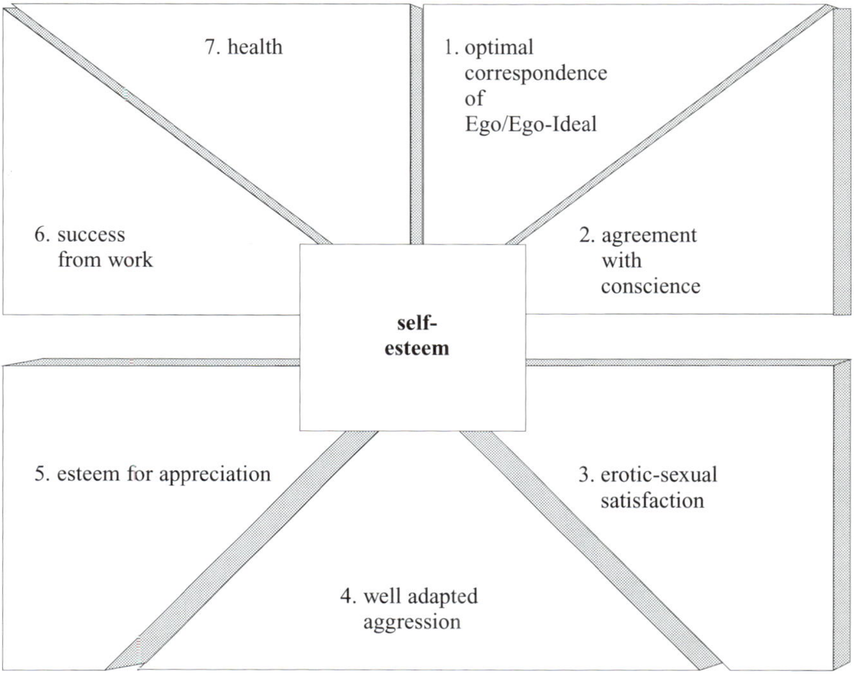


**page 57**

übersteigertes Sicherheitsbedürfnis → exaggerated need of security
zwanghaftes Bedürfnis nach sexueller Befriedigung → nearly obsessive need of sexual satisfaction
übersteigertes Geltungsbedürfnis → exaggerated need of prestige
krankhafte Jagd nach Erfolg → almost morbid rush for success

**page 58**

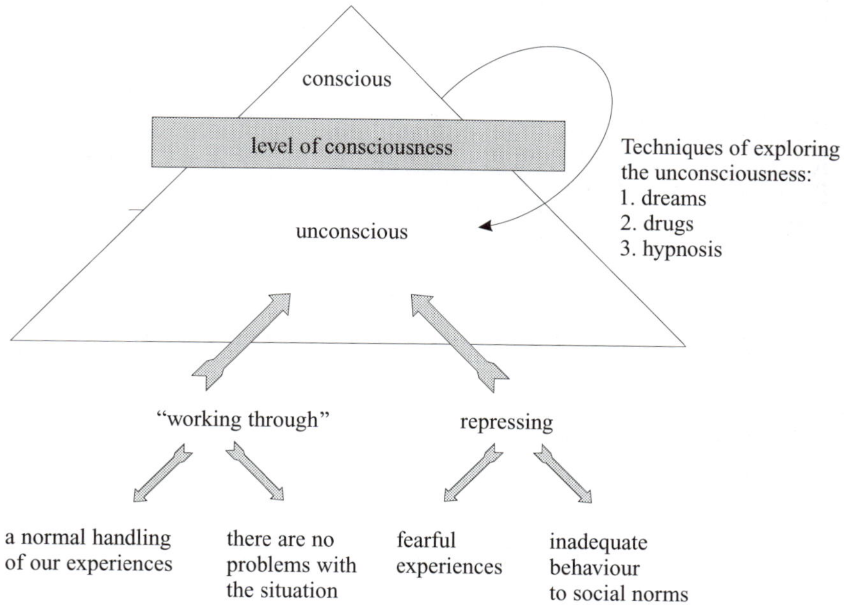


**page 82**

unsatisfied motives

↓

frustration

↓

threat to self-esteem

↓

defense mechanisms

**page 83**

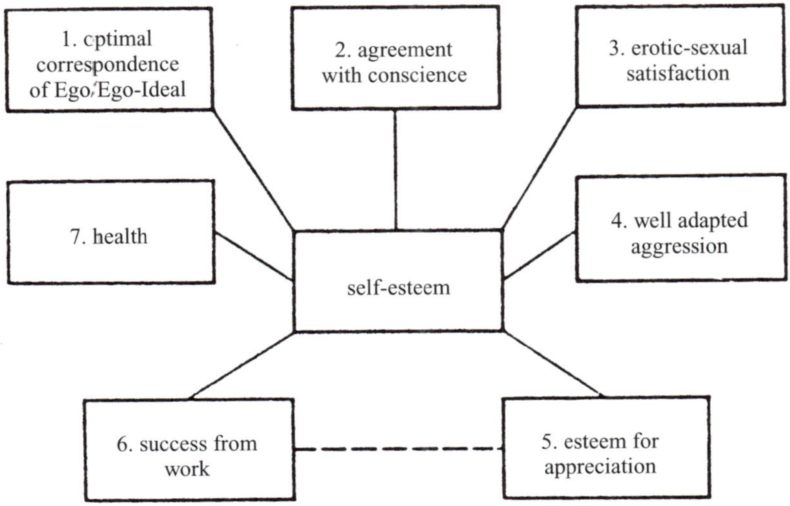


**page 83**

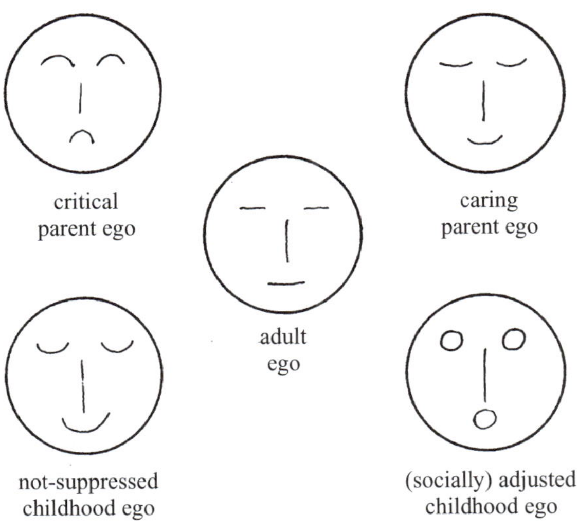

**page 84**

1. An unsatisfied motive causes a behaviour/defensive mechanisms aiming at restoring the (violated) self esteem.
2. Man behaves basically emotionally.
3. … behaviour is controlled by often conflicting forces.
4. Self esteem represents the most important regulatory force on behaviour.
5. Consciousness is only a part of a person "only the (visable) peak of an ice-berg". Most of it is hidden in the unconscious.
6. The illustrative (explanatory) model of TA describes socalled egospheres of personality influencing the communicative behaviour to a great extent.

**page 89**

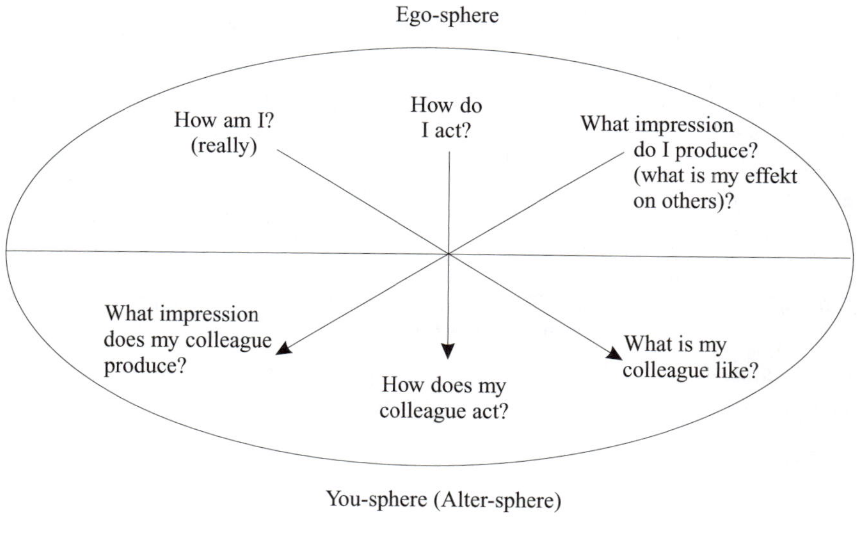

# 8. Literaturhinweise*


| | |
|---|---|
| *Birkenbihl, Michael* | Train the Trainer. 17. Auflage, München 1995 |
| *Crisand, Ekkehard* | Psychologie der Gesprächsführung (Arbeitshefte Führungspsychologie, Band 11). 5. Auflage, Heidelberg 1994 |
| *Horn, Ralf und Gasch, Bernd* | Entwicklungspsychologie und Individualpsychologie. In: Ausbildung der Ausbilder. Fernsehkurs im Medienverbund, Heft 2, München |
| *Kanfer, H. und Goldstein, A.* | Möglichkeiten der Verhaltensänderung. München |
| *Koch, Jens* | Grundkurs Psychologie für Lehramtskandidaten. 3. Auflage Ulm 1981 |
| *Minsel, Wolf-Rüdiger* | Praxis der Gesprächspsychotherapie, 4. Auflage, Wien 1979 |
| *Müller-Braunschweig, Hans* | Die Wirkung der früheren Erfahrung. Das erste Lebensjahr und seine Bedeutung für die psychische Entwicklung. Stuttgart 1975 |
| *Ruch/Zimbardo* | Lehrbuch der Psychologie. Heidelberg |
| *Rüttinger, Rolf* | Transaktions-Analyse (Arbeitsheft Führungspsychologie, Band 10). 6. Auflage, Heidelberg 1996 |
| *Schraml, Walter J.* | Einführung in die moderne Entwicklungspsychologie. 8. Auflage, Stuttgart 1992 |
| *Tausch/Tausch* | Erziehungspsychologie. 10. Auflage, Göttingen 1991 |
| *Treichel, Peter* | Die Ausbilderpraxis. Wiesbaden |
| *Wickler, Wolfgang* | Antworten der Verhaltensforschung. München |


* Es wurden hier nur die Veröffentlichungen aufgeführt, die für den psychologischen Laien, der sein Wissen vertiefen will, empfehlenswert sind.

Notizen

# Notizen